T0209565

CRISTIANISMO Y **FÍSICA CUÁNTICA**

Analogías Entre las Enseñanzas Cristianas
y las Leyes de la Física Cuántica

Samuel Padilla Rosa, PhD

WESTBOW
PRESS®
A DIVISION OF THOMAS NELSON
& ZONDERVAN

Puede hacer pedidos de libros de WestBow Press en librerías o poniéndose en contacto con:

WestBow Press
A Division of Thomas Nelson & Zondervan
1663 Liberty Drive
Bloomington, IN 47403
www.westbowpress.com
844-714-3454

ISBN: 978-1-6642-6554-7 (tapa blanda)
ISBN: 978-1-6642-6555-4 (tapa dura)
ISBN: 978-1-6642-6553-0 (libro electrónico)

Número de Control de la Biblioteca del Congreso: 2022908365

Información sobre impresión disponible en la última página.

Fecha de revisión de WestBow Press: 05/24/2022

La Física Cuántica dice: "Todo está hecho de nanopartículas, partículas subatómicas que no se pueden ver a simple vista."

Las Escrituras dicen: "Es por la fe que entendemos que el mundo entero fue hecho por mandato de Dios, de modo que lo que vemos fue hecho por algo que no se puede ver".

Hebreos 11:3 (RV-1960)

La Física Cuántica hace visible la obra invisible y maravillosa de la Creación de Dios.

Samuel Padilla Rosa, PhD.

CONTENIDO

INTRODUCCIÓN

Este trabajo propone un acercamiento a las enseñanzas de la religión cristiana y las leyes que gobiernan los principios científicos modernos, especialmente la Física Cuántica. También pretende mostrar una sorprendente analogía: la relación de similitud entre la religión cristiana y las enseñanzas científicas a la luz de los nuevos descubrimientos interdisciplinarios de la ciencia posmoderna. La ciencia y la religión son las dos visiones de mundo más importantes y críticas. Se les considera como dos visiones opuestas y que no pueden coexistir. Sin embargo, este trabajo trata sobre cómo ambas disciplinas, la religión cristiana y la ciencia tienen sus implicaciones en la vida psíquica espiritual del cristiano del siglo XXI. Intenta dar fe de los procesos espirituales del creyente debido a los nuevos descubrimientos de la Física Cuántica. Su finalidad principal es llevar esperanza y aliento al cristiano que, no sólo forma parte de lo biológico como el resto de los seres vivos de la creación, sino que es dueño, desde su propia naturaleza, de un soporte neurofisiológico que lo lleva a la trascendencia de lo material a lo espiritual. Esta obra es una plataforma, un instrumento útil al servicio de los cristianos en estos tiempos en que la ciencia se multiplica a pasos agigantados.

Cuando observamos los avances científicos y tecnológicos que ocurren a diario, como los descubrimientos de partículas subatómicas de materia en los laboratorios, nos sorprende la maravillosa obra de la creación de Dios. El objetivo principal de este libro es presentar las sorprendentes analogías entre las enseñanzas cristianas y las leyes de la Física Cuántica, leyes que hacen visible las obras invisibles de la creación de Dios.

Un ejemplo de una de esas analogías lo podemos observar en la dual naturaleza onda-partícula de la luz física. La Física Cuántica dice que la luz se comporta en ondas, las que no se pueden ver ni tocar. Así mismo, la enseñanza cristiana dice que "Dios es luz..." (1 Juan 1:5) y también, "Dios es Espíritu..." (Juan 4:24). El Espíritu es análogo a la naturaleza ondulatoria o de ondas de la luz natural. No se puede ver ni tocar, es abstracto. La Luz Verdadera que da luz a todos vino al mundo.

"Y aquel Verbo fue hecho carne, y habitó entre nosotros y vimos su gloria, gloria como del unigénito del Padre, lleno de gracia y de verdad." (Juan 1:14). Dios, Espíritu no se puede ver. Cuando toma cuerpo humano en Jesús, se puede ver.

La Palabra, Jesucristo, la Luz Verdadera encarnada vino al mundo, se hizo análoga a la naturaleza, a lo material de la luz, como los fotones que se pueden ver.

Hay muchas referencias bíblicas, tanto en el Antiguo como en el Nuevo Testamento, que apuntan a Jesús, el fundador de las enseñanzas cristianas, como Luz. El Verbo abstracto, cuyo comportamiento es como ondas es Dios y se hizo carne, materia, corpúsculo, partícula, cuerpo visible, es decir Jesús. Antes de morir en la Cruz, según las enseñanzas cristianas, estuvo con sus discípulos como materia, cuerpo visible, corpúsculo. Antes de venir al mundo y después de Su resurrección, fue transformado en Espíritu, análogo a la naturaleza ondulatoria de la luz, invisible, abstracto.

Este trabajo tiene como objetivo vincular, implicar y relacionar la ciencia con la religión, específicamente, la fe cristiana. Busca aplicar los resultados de la investigación y el conocimiento de las diferentes disciplinas científicas a los entendimientos teológicos para fortalecer los principios que gobiernan y sustentan la fe cristiana. Tiene la intención de establecer la relación entre los procesos biológicos y los procesos espirituales que dan a los humanos su posición única entre todas las especies de la Creación.

CAPÍTULO I
Newton, Descartes y Darwin

Hasta ahora en la Biología y la Física han dominado las opiniones de Newton, el padre de la Física moderna. Las cosas en las que creíamos —nuestro mundo y nuestro lugar en él— tienen sus raíces en las ideas formuladas en el siglo XVII, que siguen siendo la columna vertebral de la ciencia moderna. Estas teorías presentaban todos los elementos del universo aislados, lo que creaba un mundo de cosas separadas unas de otras. Newton describió un mundo natural en el que las partículas individuales de materia siguen leyes de movimiento específicas a través del tiempo y el espacio.

Mientras Newton presentaba sus leyes del movimiento al mundo entero, el filósofo francés, René Descartes, propuso una noción revolucionaria y dijo que nosotros, representados por nuestras mentes, estábamos separados por esta materia inerte de nuestros cuerpos. Esta noción del cuerpo lo transforma en otra cosa, una especie de magnífica máquina engrasada. El mundo, decía Descartes, estaba formado por objetos pequeños y discretos que se comportaban de manera predecible. El más separado de estos objetos era el ser humano. Para Descartes, estábamos fuera del universo como meros espectadores; incluso nuestros cuerpos estaban algo aislados de la naturaleza real que éramos: la mente consciente como observadora.

El mundo newtoniano puede haber sido respetuoso de la ley, pero finalmente era un mundo desierto y desolado. Con unos hábiles movimientos, Newton y Descartes consiguieron desarraigar a Dios y la espiritualidad del mundo de la materia y nuestra conciencia del centro de nuestro auténtico ser. Newton y Descartes desarraigaron nuestras mentes y almas de lo espiritual y dejaron un rastro o una colección de seres en evolución marcada por la supervivencia de los más aptos y la multiplicación aleatoria.

Con la teoría de la evolución de Charles Darwin, la desolación del ser humano, creado a imagen y semejanza de su Creador, se hizo más triste aún. "Sé el más fuerte o no sobrevivirás". "Eres sólo un accidente en evolución". "Come, o el más fuerte te comerá". "La esencia de tu humanidad es un terrorista genético que no respeta el género ni la especie, deshaciendo efectivamente los eslabones más débiles". "La vida se trata de ganar constantemente, ser el primero en llegar, y si logras sobrevivir, estarás solo en la cima del árbol de la evolución".

"No hay justo, ni aun uno; No hay quien entienda, no hay quien busque a Dios. Todos se desviaron, a una se hicieron inútiles; no hay quien haga lo bueno, no hay ni siquiera uno." (Romanos 3:10-12).

La involución del hombre

En la publicación titulada, *Involución emocional del ser humano* de su blog, Verónica Gutiérrez Portillo dice lo siguiente sobre la involución del ser humano:

"Increíble y difícil de entender que en la segunda década del siglo XXI y en contraste con los

inmensos avances de la ciencia y la tecnología, el ser humano dé pasos gigantes hacia atrás en su naturaleza. A medida que la ciencia y la tecnología evolucionan y avanzan continuamente, los seres humanos caminan emocionalmente en paralelo en involución."

El paradigma del mundo como una gran máquina y del hombre como una máquina sobreviviente, ha llevado al mundo a ser impulsado por la tecnología, pero con poco o ningún conocimiento de quiénes somos y nuestra relación con el Creador y el Universo. Desde el punto de vista espiritual, esto nos ha llevado a volvernos en peor grado que los animales confiados al hombre para ejercer dominio sobre ellos, ponerles un nombre y cuidarlos.

Todo el conocimiento de Newton y Descartes no nos llevó a comprender los misterios fundamentales de nuestro ser: cómo comenzó la vida, cómo se forma una sola célula hasta que te conviertes en una persona completamente formada, cómo pensamos, o incluso más, cuál es nuestra relación con el Creador de todo el universo.

Nos convertimos en ardientes apóstoles de estas visiones de un mundo mecanizado y separado, aunque esto no formaba parte de nuestra experiencia cotidiana. Muchos de nosotros buscamos saciar la sed de trascendencia a niveles de conciencia espiritual, aún más altos, en las religiones existentes desde el paradigma de la biología. Esta búsqueda puede darnos un cierto sentido de seguridad para los ideales de unidad, comunidad y propósito, pero desde un punto de vista puramente biológico propuesto sólo por la ciencia. Cualquiera que busque saciar su sed espiritual tiene que lidiar con estas dos visiones y paradigmas opuestos —la ciencia por un lado y la espiritualidad por el otro— y tratar sin éxito de reconciliar el uno con el otro.

La naturaleza dual de la luz

Hace poco más de cien años, Albert Einstein terminó un artículo científico que cambiaría el mundo. Su visión radical de la naturaleza de la luz ayudaría a transformar a Einstein de un empleado de patentes desconocido en el genio en el centro de la física del siglo XX.

Todos los físicos en 1905 sabían qué era la luz, ya fuera del sol o de una bombilla incandescente. La luz se conocía como una onda, que forma una sucesión de depresiones igualmente separadas donde la distancia entre los picos o los mínimos determina el color de la luz. Todos los científicos sabían sin lugar a duda que la luz se originaba en una fuente, se distribuía uniformemente, continuaba por todo el espacio accesible y se propagaba de un lugar a otro en forma de crestas y depresiones electromagnéticas. La luz se llamó onda electromagnética o, más generalmente, radiación electromagnética. En 1905, la naturaleza ondulatoria de la luz era un hecho establecido e indiscutible.

Aquí existe un paralelismo entre el Espíritu de Dios y la onda de la luz natural. La onda de la luz natural es intangible, abstracta y no se puede ver; el Espíritu de Dios, la Luz Verdadera, (Juan 1:9), también es intangible, abstracto y no se puede ver.

Como la onda de luz que no se ve, tampoco se puede ver a Dios. "Nadie ha visto a Dios…" (1 Juan 4:12). "Dios es Espíritu; y los que le adoran, en espíritu y en verdad es necesario que adoren." (Juan 4:24).

Dado este conocimiento universal, los científicos propusieron que la luz no era una onda continua, sino que consistía en partículas localizadas. Argumentaron que cuando un rayo de luz se propaga de un punto a otro, la energía no se distribuye continuamente en espacios cada vez más grandes, sino que consiste en un número finito de cuantos de energía. Estos números limitados de energía cuántica están ubicados en puntos en el espacio, se mueven sin dividirse y pueden ser absorbidos o generados sólo como un todo.

En los últimos cincuenta años, con los descubrimientos de la física cuántica, los logros tecnológicos han llegado a un ritmo tan vertiginoso que han hecho avanzar al mundo de formas que antes sólo se habían imaginado en la ciencia ficción. Algunas de estas innovaciones transformaron nuestra vida diaria, como la electricidad, la radio, la televisión, la fibra óptica, las computadoras e Internet. Todos estos inventos, y muchos otros, se han convertido en una necesidad en el día a día de nuestras vidas.

Vimos los aviones dejar sus hélices en el suelo y, con sus potentes motores a reacción, volar por los aires a gran velocidad hasta romper la barrera del sonido. El 20 de julio de 1969, aproximadamente 650 millones de personas, asombrados y en suspenso, vieron cómo Neil Armstrong bajó una escalera hacia la superficie de la luna. No sólo lo vieron caminar sobre la luna, sino que también lo escucharon decir al mismo tiempo: "Ese es un pequeño paso para el hombre. Un gran salto para la humanidad."

Estamos viviendo un momento especial. Nunca se habían producido cambios tecnológicos tan intensos y radicales. En el camino se descubrió algo extraordinario sobre la realidad.

Según el diario español *El Mundo*[1], la Organización Europea para la Investigación Nuclear (CERN) acaba de escribir un capítulo crucial en la historia de la Física al descubrir una nueva partícula subatómica que confirma, con más de un 99% de probabilidad, la existencia del bosón de Higgs, conocido popularmente como la *partícula de Dios*. Se trata de un hallazgo fundamental para explicar por qué existe la materia tal como la conocemos. Lo que encontraron fue la partícula que da masa a todas las partículas del universo, la partícula del bosón de Higgs, "la partícula de Dios"[2].

[1] Miguel G. Corral, "Descubren la 'partícula de Dios' que explica cómo se forma la materia", (2012 El Mundo España): https://www.elmundo.es/elmundo/2012/07/04/ciencia/1341398149.html

[2] Según un artículo de *The Guardian*, para conmemorar el 80 cumpleaños del hombre detrás de la elusiva 'partícula de Dios', estaban organizando un concurso para cambiarle el nombre. La partícula se conoció como el bosón de Higgs en 1972 después de que Ben Lee, un ex director de física teórica en Fermilab, usara

CAPÍTULO II
Cristianismo

Los fundamentos del cristianismo

El cristianismo (del griego χριστιανισμός) es una religión abrahámica monoteísta basada en la vida y las enseñanzas de Jesús de Nazaret. Es la religión más grande del mundo, con aproximadamente 2,4 mil millones de seguidores.

El cristianismo es una religión diversa tanto cultural como doctrinalmente. Sus principales ramas son el catolicismo, el protestantismo y la ortodoxia. Sus seguidores, llamados cristianos, comparten la creencia de que Jesús es el Hijo de Dios y el Mesías (en griego, Cristo) profetizado en el Antiguo Testamento, que sufrió, fue crucificado, descendió a los infiernos y resucitó de entre los muertos para la salvación de la humanidad.

---

el nombre para describir la idea. Pero los orígenes del nombre se remontan a Fermilab. A principios de la década de 1990, el ex director del laboratorio, Leo Lederman, escribió un libro sobre física de partículas que llamó *The God Particle*. Ian Sample, "Anything but, The God Particle", (viernes 29 de mayo 2009 The Guardian): https://www.theguardian.com › may

El cristianismo surgió del judaísmo a mediados del siglo I d.C. en la provincia romana de Judea. Los primeros líderes de las comunidades cristianas fueron los apóstoles y sus sucesores, los padres apostólicos. Este cristianismo primitivo se extendió, a pesar de ser una religión minoritaria y perseguida, por Judea, Siria, Europa, Anatolia, Mesopotamia, Transcaucásica, Egipto y Etiopía. El cristianismo fue legalizado en el Imperio Romano por el Edicto de Milán en 313. El emperador Constantino se convirtió al cristianismo y convocó el Concilio de Nicea en 325, en el que se formuló el Credo de Nicea. El cristianismo se convirtió en la religión oficial del Imperio Romano en 380, bajo el emperador Teodosio I el Grande. Desde entonces, el cristianismo ha sido, en sus diferentes ramas, la religión dominante en el continente europeo. Durante estos primeros siglos los padres de la iglesia consolidaron gradualmente las doctrinas del cristianismo y elaboraron el canon del Nuevo Testamento.

La Comunión de las Iglesias Orientales

La iglesia de los primeros siete concilios ecuménicos a menudo se conoce como la Gran Iglesia porque la Iglesia Católica, la Iglesia Ortodoxa y las Iglesias Ortodoxas Orientales estaban en plena comunión. Las Iglesias orientales se separaron después del Concilio de Calcedonia (451) debido a diferencias cristológicas. La Iglesia Católica y la Iglesia Ortodoxa se separaron en 1054 por desacuerdos sobre la autoridad del Papa de Roma. El protestantismo apareció por primera vez durante la Reforma Protestante del siglo XVI. Los protestantes criticaron lo que percibieron como importantes desviaciones teológicas y eclesiológicas por parte de la Iglesia Católica. El descubrimiento de América en 1492 extendió el cristianismo por toda América. La Iglesia Católica impulsó la Contrarreforma en respuesta a la Reforma Protestante a través del Concilio de Trento (1545-1563).

El judaísmo comparte algunos de sus escritos sagrados con el cristianismo. Junto con la Biblia griega, el Tanaj constituye la base del Antiguo Testamento de las diferentes Biblias cristianas. Por esta razón, el cristianismo se considera una religión abrahámica, junto con el judaísmo y el islam.

Opinión diferente sobre la fecha de la muerte de Jesús

Algunos estudios del siglo XX no toman 33 d.C. como una fecha incontrovertible para la muerte de Jesucristo. Algunos sugieren que podría haber un desfase de 4 a 8 años entre el inicio del cálculo de la era cristiana y la fecha precisa del nacimiento de Jesús de Nazaret, conocido como Cristo. Además de esto, no existe certeza aparente ni consenso entre estos autores de que falleciera a los 33 años.

El cristianismo llegó a ser considerado una doctrina sectaria de las tradiciones judías ortodoxas en sus primeras décadas. Desde que el cristianismo se convirtió en la religión oficial del Imperio Romano en el siglo IV, ha influido significativamente en la cultura occidental y en muchas otras. El origen del término aparece en el libro de los Hechos de los Apóstoles, donde a los discípulos se les llamó cristianos por primera vez.

"... Y cuando lo encontró, lo llevó a Antioquía. Así que durante todo un año, Bernabé y Saulo se reunieron con la iglesia y enseñaron a un gran número de personas. Los discípulos fueron llamados cristianos por primera vez en Antioquía." (Hechos 11: 26-NVI).

Desarrollo histórico del cristianismo

El cristianismo tiene su origen histórico en el judaísmo del Segundo Templo del comienzo de la era actual. Aunque Jesús de Nazaret siempre se identificó como un judío devoto, en su doctrina y enseñanzas, dijo: "Yo soy el camino y la verdad y la vida. Nadie viene al Padre sino por mí". (Juan 14: 6). "Jesús volvió a hablarles, diciendo: Yo soy la luz del mundo. El que me sigue no andará en tinieblas, sino que tendrá la luz de la vida". (Juan 8: 12).

El cristianismo en el siglo XX

El cristianismo en el siglo XX se caracteriza por una fragmentación acelerada. El siglo vio el surgimiento de grupos liberales y conservadores y una secularización general de la sociedad occidental. La Iglesia Católica instituyó muchas reformas para modernizarse. Los misioneros hicieron incursiones en el Lejano Oriente, estableciendo seguidores en China, Taiwán y Japón. Al mismo tiempo, la persecución en la Europa oriental comunista y la Unión Soviética llevó a muchos cristianos ortodoxos a Europa occidental y Estados Unidos, aumentando el contacto entre el cristianismo occidental y oriental. Además, el ecumenismo creció en importancia, a partir de la Conferencia Misionera de Edimburgo en 1910, aunque se critica que América Latina haya sido excluida porque la predicación protestante en América Latina con frecuencia ha sido anticatólica.

Otro movimiento que creció en el siglo XX fue el anarquismo cristiano, que rechaza la Iglesia cristiana, el estado o cualquier otro poder que no sea el de Dios. También creen en la no violencia absoluta. El libro de León Tolstoi llamado *El reino de Dios está dentro de ti*, publicado en 1894, fue el catalizador de este movimiento.

En la década de 1950 hubo una expansión evangélica en Estados Unidos. La prosperidad posterior a la Segunda Guerra Mundial experimentada en los Estados Unidos también tuvo efectos religiosos, denominados "fundamentalismo morfológico". El número de templos cristianos aumentó y las actividades de las iglesias evangélicas crecieron de manera expansiva.

Dentro del catolicismo, la Teología de la Liberación (TL) surgió formalmente en la década de 1960 en América Latina como respuesta al malestar producido por la opresión y pobreza característica de los pueblos de esta región. La Iglesia Católica no acepta oficialmente los postulados de la TL, debido a una posible relación cercana con el marxismo. Aunque los teólogos de la liberación niegan tal relación, sí aceptan la existencia de conceptos como la lucha de clases. Sin embargo, la Iglesia Católica acepta algunos postulados de la T.L., especialmente en relación con la necesidad de libertad de los pueblos del mundo.

El surgimiento del movimiento evangélico

Ha habido un crecimiento significativo en el sector evangélico de las denominaciones protestantes en los Estados Unidos y el resto del mundo, especialmente aquellas que se identifican exclusivamente como evangélicas, y un declive en aquellas Iglesias identificadas con corrientes más liberales. En el período intermedio de la década de 1920, el cristianismo liberal fue el sector de más rápido crecimiento. Esto cambió después de la Segunda Guerra Mundial, cuando más líderes conservadores llegaron a las estructuras eclesiásticas.

El movimiento evangélico no es una entidad; las iglesias evangélicas y sus seguidores no se pueden clasificar fácilmente. La mayoría no son fundamentalistas, en el sentido estricto que algunos le dan a ese término, aunque muchos continúan refiriéndose a sí mismos como tales.

Sin embargo, el movimiento ha logrado desarrollarse de manera informal para reservar el nombre Evangélico para aquellos grupos y creyentes que se adhieren a una profesión de fe cristiana que consideran histórica, una paleo-ortodoxia, como algunos la llaman. Los que se llaman a sí mismos *evangélicos moderados* afirman estar aún más cerca de estos fundamentos cristianos históricos, y los *evangélicos liberales* no se aplican esta denominación a sí mismos en términos de su teología, sino más bien en términos de su vida progresista, en la perspectiva cívica, social o científica.

CAPÍTULO III

Física Cuántica

A principios del siglo XX los científicos asumieron que habían descubierto todas las leyes y reglas fundamentales que gobiernan nuestra existencia. No fue hasta que los físicos comenzaron a estudiar partículas de materia utilizando nuevas tecnologías que descubrieron una subcapa completa de física que involucra unidades diminutas y misteriosas de materia y energía. Este descubrimiento los dejó perplejos e incapaces de explicar completamente los fenómenos que, con instrumentos innovadores, aparecieron ante sus ojos. Así nació esta extraña y misteriosa verdad, la Física Cuántica. El universo sólo puede entenderse como una red de interconexión. ¿Cómo pueden los electrones estar en contacto con todas las cosas a la vez?

Cuando los pioneros de la Física Cuántica se asomaron al mismo centro del asunto, quedaron asombrados por sus hallazgos. Las partículas más pequeñas de materia ni siquiera eran materia, como la conocemos, ni siquiera una cosa estable. Más extraño aún, se mostraron muchos posibles al mismo tiempo. También fue extraño que estas partículas subatómicas no tengan un significado aislado sino relacionado con todo lo demás. La materia no puede dividirse en sus unidades más pequeñas en su estado más elemental, es completamente indivisible. El Universo sólo puede entenderse como una red de interconexión. ¿Cómo pueden los electrones estar en contacto con todas las cosas a la vez? ¿Cómo puede un electrón no ser algo estable hasta que el observador lo captura, mide y examina? Las cosas, una vez en contacto, siempre estarán en contacto a través del tiempo y el espacio. El observador interactúa con lo observado. El espacio-tiempo aparece como construcciones arbitrarias que ya no son aplicables a este nivel del mundo de Newton y Descartes, y mucho menos a Darwin. En esta nueva visión, todo lo que vemos es una vasta llanura cuántica del aquí y ahora, formada por diminutas partículas cargadas de luz que mantienen unido a todo el universo. Los físicos creían que esta pequeña partícula de materia, si alguna vez se encontrara, podría explicar el misterioso código en el origen del mundo físico. Saber esto sería "conocer la mente de Dios", decían algunos científicos.

En los últimos cincuenta años, la innovación ha llegado a un ritmo tan vertiginoso que ha transformado nuestro mundo de formas antes imaginadas en la ciencia ficción. Estos son algunos de los inventos más influyentes de estos 50 años: cajeros automáticos, pruebas de ADN, secuenciación, coches eléctricos, fibra óptica, cirugía láser y robótica (laparoscopía), energía solar fotovoltaica, códigos de barras y escáneres y mucho, mucho más.

El Experimento CERN[3]

Recientemente, el 4 de julio de 2012, los científicos del *Gran Colisionador de Hadrones*[4] anunciaron el descubrimiento

---

[3] El CERN es la Organización Europea para la Investigación Nuclear y es uno de los centros de investigación más importantes del mundo. Es hoy en día el corazón de la investigación de física de partículas. Este laboratorio internacional se fundó en 1954 en Ginebra, y cuenta con el apoyo de 22 estados miembros europeos.
[4] El LHC significa el Gran Colisionador de Hadrones, el acelerador de partículas más grande y enérgico del mundo. Utiliza un túnel de circunferencia de 27

del *Bosón de Higgs*, conocido como "La partícula de Dios". Los científicos de los experimentos ATLAS y CMS en el *Gran Colisionador de Hadrones del CERN* anunciaron que en cada uno de estos experimentos se había observado una nueva partícula en "la masa más cercana a la región de 126 GeV[5]". Según los científicos, esta partícula es consistente con el Bosón de Higgs, basado en el Modelo de Peter Higgs.[6]

En el experimento CERN, a una velocidad igual a la de la luz, (300.000 k/s), protones cargados positivamente colisionarían de frente. Lo que los científicos buscaban con esto era lo que ya tenían en teoría, el masivo Bosón de Higgs, la búsqueda del origen y los constituyentes últimos de la materia. Su objetivo era la física fundamental.

Los científicos encuentran "la partícula de Dios"

La teoría del bosón de Higgs masivo, la búsqueda del origen y los constituyentes últimos de la materia fue confirmada por los experimentos de ATLAS y CMS en el Gran Colisionador de Hadrones del CERN, al descubrir la partícula fundamental predicha. Esta partícula es la que da masa a las otras partículas, de esta forma es que se compone la materia y por lo tanto, se justifica el origen de todas las cosas en el Universo.

Desde las algas microscópicas hasta el planeta más grande de la galaxia, pasando por los humanos, todo está formado por

---

km creado para el Gran Colisionador de Electrones y Positrones (LEP), y en su construcción han participado más de 2.000 físicos de 34 países y cientos de universidades y laboratorios.

[5] https://www.sciencedirect.com/science/article/pii/S0370269314005784

[6] Peter Ware Higgs es un físico británico conocido por su proposición en los años 1960 de la ruptura de la simetría en la teoría electrodébil, explicando el origen de la masa de las partículas elementales.

partículas elementales unidas por un tipo de pegamento que forma el Universo y todo lo conocido.[7] Algunos científicos dicen que este pegamento es análogo al Espíritu de Dios, que impregna todo el universo, y todo está unido por él. Análogo al Hijo como imagen del Dios invisible, en el que todas las cosas fueron creadas por él y en él, y todas las cosas se mantienen juntas. (Colosenses 1:16).

El campo de Higgs, propuesto en 1964 por el físico británico del mismo nombre, forma la base del Modelo Estándar de la Física. Este campo es el que permite que las partículas fundamentales interactúen entre sí y adquieran masa. Para validar esta teoría, tenía que aparecer la partícula asociada al campo de Higgs, el bosón del mismo nombre, y eso es lo que acababan de encontrar.

El Experimento CERN, una analogía con la creación de Dios

Más allá de las estrellas, en los confines de las galaxias, más allá del quásar 3C273, ubicado a unos 3.000 millones de años luz de distancia, en Virgo, se escuchó y se sintió una tremenda explosión. Era el Creador del Universo navegando por el firmamento a una velocidad de 300.000 k/s, la velocidad de la luz, haciendo de sus ángeles espíritus y llamas de fuego sus sirvientes. (Hebreos 1:7). Ese enorme rayo de luz era análogo a Dios porque, "Dios es luz, y no hay ningunas tinieblas en él." (1 Juan 1: 5).

---

[7] David Horsey, "El bosón de Higgs une al Universo, pero los humanos le dan significado", (5 de julio de 2012, Los Angeles Times): https://www.latimes.com/politics/la-xpm-2012-jul-05-la-na -tt-boson-higgs-20120704-story.html

CAPÍTULO IV

La Naturaleza Dual onda-partícula
de la Luz Natural Análoga a la
Naturaleza Dual Espíritu-Materia
de Dios, la Luz Verdadera

———————

Todos los físicos en 1905 sabían qué era la luz, ya fuera del Sol o de una bombilla incandescente. Se sabía que la luz era una onda, es decir una sucesión de crestas igualmente separadas por depresiones donde la distancia entre los picos (o los mínimos) determina el color de la luz. Todos los científicos sabían, sin lugar a duda que la luz se originaba en una fuente, se distribuía uniformemente, continuaba por todo el espacio accesible y se extendía de un lugar a otro en forma de crestas y depresiones electromagnéticas. La luz se llamó onda electromagnética o, más generalmente, radiación electromagnética. En 1905, la naturaleza ondulatoria de la luz era un hecho establecido e indiscutible.

Génesis de la creación de Dios

"Y la tierra estaba desordenada y vacía, y las tinieblas estaban sobre la faz del abismo, y el Espíritu de Dios se movía sobre la faz de las aguas." (Génesis 1: 2).

Era una profundidad grande e imponente cuyo fondo no se podía encontrar. La falta de luz producía una oscuridad absoluta y, por lo tanto, desprovista de vida. No hay vida sin luz. Análogo a que no hay vida sin Jesús, la luz de este mundo. "En él estaba la vida, y la vida era la luz de los hombres." (Juan 1:4).

El eco se escuchó y se sintió cuando el Creador, y todo el ejército de los cielos, irrumpieron en la historia del comienzo de nuestro mundo. La tierra se estremeció y tembló. Los cimientos de las montañas temblaron. Encendió brasas. Se inclinó hacia los cielos y descendió, y había una densa oscuridad bajo sus pies. Cabalgó sobre un querubín y voló, voló sobre las alas del viento. Puso tinieblas junto a su escondite, junto su cortina alrededor de sí mismo, aguas oscuras, nubes del cielo. Por el resplandor de su presencia, sus nubes pasaron, granizo y carbones encendidos. El Señor tronó en los cielos y el Altísimo dio su voz, granizo y carbones encendidos. Envió sus flechas. Entonces aparecieron los abismos de las aguas y quedaron al descubierto los cimientos del mundo. (Salmos 18: 7-15).

"Y Dios dijo: 'Sea la luz", y fue la luz. Dios vio que la luz era buena y separó la luz de las tinieblas. Dios llamó a la luz, Día, y la oscuridad la llamó, Noche. Y fue la tarde y la mañana el primer día." (Génesis 1: 3-5)

A lo largo del resto del libro del Génesis, Dios siguió creando el esplendor del mundo: el cielo, la tierra, el océano, el sol, la luna, las criaturas y, finalmente, el hombre. La luz fue lo primero que hizo Dios, antes que todo. Según la física cuántica, la luz fue fundamental para crear estas cosas ya que su diseño requiere de la fuerza de la luz para unir las diferentes partículas de materia.

La luz de Dios análoga a la luz natural

Dios, la "verdadera luz del mundo" (Juan 1: 9), tiene todas las características de la luz natural.

Hay una analogía de la luz natural con Dios como Luz. Los científicos dicen que la luz tiene una naturaleza dual: onda-partícula. El concepto cristiano de Dios, como Luz es análogo a la luz natural, también tiene una naturaleza dual: espíritu-materia.

"Dios es Espíritu" (Juan 4:24). Análogo a la naturaleza ondulatoria de la luz, no puedes verla; tampoco puedes ver el Espíritu de Dios. "A Dios nadie le vio jamás; el unigénito Hijo, que está en el seno del Padre, él le ha dado a conocer." (Juan 1:18). La perturbación de la onda mueve la energía de un lugar a otro, análogo, en el principio el Espíritu de Dios se movía de un lugar a otro, sobre las aguas. (Génesis 1: 2).

La sustancia por la que se mueve una onda se llama medio, el médium. Ese médium se mueve hacia adelante y hacia atrás repetidamente, volviendo a su posición original. Pero la ola viaja junto con el médium. No se queda en un sólo lugar. Las olas viajan junto con el médium, las aguas. Así el Espíritu del Señor en Jesús, es el medio, el médium por el cual viajaba el Espíritu Santo de Dios recorriendo las aldeas y sus sinagogas, proclamando las buenas nuevas y sanando todas las enfermedades. (Mateo 9:35).

Análogo a la sustancia de la ola llamada médium, Jesucristo es el mediador, el médium entre Dios y el hombre. "Porque hay un sólo Dios, y un sólo mediador entre Dios y los hombres, Jesucristo hombre." (1 Timoteo 2: 5). Hay un Dios, la Luz Verdadera y un mediador o médium entre Dios y la humanidad, Jesucristo hombre.

El Espíritu de Dios es análogo a la luz infrarroja, también conocida como radiación infrarroja, un tipo de luz fuera del rango visible. No puedes ver esta luz, pero puedes sentir su calor, aunque es poco probable que te queme. Así es con todos los nacidos del Espíritu. (Juan 3: 8). Los rayos infrarrojos son análogos al Espíritu de Dios, aunque no puedes ver su luz puedes sentir su calor. Jeremías el Profeta ya no quería ni mencionar la palabra de Dios, pero esa palabra de Dios ardía en su corazón como un fuego, estaba cansado de contenerla hasta que ya no pudo resistir más. (Jeremías 20: 9).

El Espíritu de Dios está en todas partes; puedes escuchar su sonido, como la pareja en el jardín que oyó los pasos de Jehová Dios, pero no puedes saber de dónde viene ni hacia dónde va. Se puede ver a Jesús, la encarnación de Dios Espíritu y es análogo a la partícula de luz, el fotón, que se puede ver y se puede sentir, como en Jeremías el profeta.

La luz es una radiación que se propaga en forma de ondas electromagnéticas. Las ondas electromagnéticas son aquellas que pueden propagarse a través del vacío. La luz es, por tanto, radiación electromagnética.

Este fenómeno, la propagación de la energía, puede ocurrir en el espacio o en la materia como aire, agua, tierra, etc., análogo a la propagación de la luz de Dios, que sólo podría ser vista a través de Jesús y en Jesús (materia). Asimismo, cuando Jesús salió de las aguas del bautismo, fue lleno del Espíritu Santo, y el mismo Espíritu lo llevó al desierto donde ayunó 40 días y 40 noches y fue tentado por el diablo. Jesús venció la tentación, y con el Espíritu Santo dentro de él, vino a Galilea en el Espíritu y enseñó en sus sinagogas, y todos lo alabaron. De Galilea, Jesús fue, en el Espíritu, a Nazaret donde se había criado, y el día de reposo fue a la sinagoga. Le entregaron el rollo del profeta Isaías, y cuando lo desenrolló encontró el capítulo donde está escrito: "El Espíritu del Señor está sobre mí, por cuanto me ha ungido para dar buenas nuevas a los pobres; me ha enviado a sanar a los quebrantados de corazón; a pregonar libertad a los cautivos, y vista a los ciegos; a poner en libertad a los oprimidos." (Lucas 4: 1-18).

"En el pasado, Dios habló a nuestros antepasados a través de los profetas muchas veces y de diversas formas. En estos postreros días nos ha hablado por el Hijo, a quien constituyó heredero de todo, y por quien asimismo hizo el universo." (Hebreos 1:1,2).

Pero en estos últimos días, como en la sinagoga, Dios nos habla a través del Espíritu Santo, a quien el Padre envió en el nombre de Jesús, en Pentecostés. Él nos está enseñando todas las cosas y nos está recordando todo lo que Jesús dijo y que permanece registrado en las Escrituras hasta el día de hoy. (Juan 14:26).

El Hijo, Jesucristo, una analogía con el espectro de luz visible

Dios es luz, en él, no hay oscuridad. (1 Juan 1: 5). Porque tanto amó Dios al mundo que dio a su Hijo unigénito, para que todo el que crea en él no se pierda, sino que tenga vida eterna. (Juan 3:16). La verdadera luz que ilumina a todos venía al mundo. (Juan 1: 9).

Se puede ver a Jesús, la encarnación de Dios, Espíritu, quien no se puede ver, análogo a la partícula, el fotón de luz, que sí se puede ver.

La luz es una radiación que se propaga en forma de ondas electromagnéticas. Las ondas electromagnéticas son aquellas que pueden propagarse a través del vacío. La luz es, por tanto, radiación electromagnética.

Este fenómeno (la propagación de la energía) puede ocurrir en el espacio o en la materia como aire, agua, tierra, etc.

CAPÍTULO V

El ADN: Diseño Inteligente de Dios

La creación de los seres vivos de las aguas

La teoría teológica de Pedro sobre la creación, de que todo ser vivo es creado de las aguas, está de acuerdo con el filósofo griego Tales de Mileto[8] y su cosmología basada en el agua como esencia de toda materia.

"Estos ignoran voluntariamente, que en el tiempo antiguo fueron hechos por la palabra de Dios los cielos, y también la tierra, que proviene del agua y por el agua subsiste." (2 Pedro 3:5).

En el quinto día de la creación, como lo había hecho durante todo el proceso de la creación, "creó Dios los grandes monstruos marinos, y todo ser viviente que se mueve, que las aguas produjeron

---

[8] Tales de Mileto fue el primer filósofo griego en plantear la naturaleza última del mundo, concebida sobre la base de un primer y último elemento: el agua. Para el filósofo presocrático, Tales de Mileto, el agua es el principio de todas las cosas que existen. El agua es origen que dio comienzo al universo, una idea que los griegos llamaban arjé (del griego ἀρχή, fuente, principio u origen). De esta manera nació la primera teoría occidental sobre el mundo físico. https://www.fundacionaquae.org/el-agua-principio-de-todas-las-cosas-que-existen-tales-de-mileto/

según su género, y toda ave alada según su especie. Y vio Dios que era bueno." (Génesis 1:21). En la creación de los seres vivos y las grandes criaturas del mar, la mente de Cristo, el Verbo que crea al principio con Dios, (Juan 1:1-3), elabora un gran diseño, una pequeña molécula a la que llamamos ADN[9]. En esa diminuta molécula, Dios, codificó toda la información con las diferentes características de esos seres vivos. El Creador codificó su lenguaje y lectura de los animales de la tierra para que se desarrollen según su género, el ganado según su género, y todos los animales que se arrastran por la tierra según su especie y su código genómico de ADN. El Creador no los dejó al azar, como dice la teoría de la evolución, sino que en el ADN de cada ser vivo hay un código genético según la mente del Creador que dirige su desarrollo. El Creador usó la misma estructura molecular de ADN como base para crear las cosas[10] y todo ser viviente, incluyendo al hombre. El Salmista dice que en el libro del Creador ya estaban escritas

---

[9] ADN: el ácido desoxirribonucleico o ADN es una molécula que contiene las instrucciones que un organismo necesita para desarrollarse, vivir y reproducirse. Estas instrucciones se encuentran dentro de cada celda y se transmiten de padres a hijos. El ADN está formado por moléculas llamadas nucleótidos. Cada nucleótido contiene un grupo fosfato, un grupo de azúcar y una base de nitrógeno. Los cuatro tipos de bases nitrogenadas son adenina (A), timina (T), guanina (G) y citosina (C). El orden de estas bases es lo que determina las instrucciones del ADN o el código genético. El ADN humano tiene alrededor de 3 mil millones de bases, y más del 99 por ciento de esas bases son iguales en todas las personas. www.livescience.com

[10] El fondo más profundo del océano está repleto de vida microscópica. Un equipo internacional de científicos encontró altos niveles de actividad microbial en lo más profundo de la Fosa de las Marianas, la cual se encuentra a 11 kilómetros de profundidad en el Océano Pacífico. Se creía que el ambiente del cañón submarino era demasiado hostil para que existiera vida. Pero este estudio se suma a la cada vez mayor evidencia de que una serie de criaturas pueden soportar temperaturas cercanas a la congelación, presiones inmensas y adaptarse a la completa oscuridad. "Estos microbios respiran, como nosotros, y este consumo de oxígeno es una medida indirecta de la actividad de la comunidad", explicó Turnewitsch. Sorprendentemente, estos primitivos organismos unicelulares eran dos veces más activos en el fondo de la zanja que sus pares encontrados a seis kilómetros de

todas las cosas en el vientre de su madre, las que luego fueron formadas. "Mi embrión vieron tus ojos, y en tu libro estaban escritas todas aquellas cosas que fueron luego formadas, sin faltar ni una de ellas." (Salmos 139:16).

La creación del hombre a imagen de Dios

"Y creó Dios al hombre a su imagen, a imagen de Dios lo creó; varón y hembra los creó." (Génesis 1:27).

En Génesis (1:26) Dios estaba creando en la mente del Verbo, (Juan 1:1-3), la **imagen** del hombre que luego habría de ser formado a su **semejanza** del polvo de la tierra. (Genesis 2:7).

Fue en ese mismo día sexto que Dios dijo: "Hagamos al hombre a nuestra imagen, conforme a nuestra semejanza". (Génesis 1:26).

En esta ocasión de la creación del hombre, Dios **no** dijo, como había dicho en la creación de los animales biológicos de Darwin: "**Produzca** la tierra seres vivientes según su género, bestias y serpientes y animales de la tierra según su especie." (Génesis 1:24), sino que ahora Dios dijo: "*Hagamos al hombre a nuestra imagen...*"

En la creación efectuada a través de Él, El Verbo visualizó en su mente esa misma fórmula molecular del ADN, con la cual creó a las criaturas del agua y de la tierra. Es por eso por lo que los resultados de estudios recientes revelaron que el ADN del chimpancé contiene una secuencia primaria del 99% como la de los humanos, y en el orangután es 97% idéntica a la de los humanos. Según estudios realizados, en universidades de los Estados Unidos, los huesos de las aletas de los peces ancestrales tienen la misma estructura que los huesos de las patas de los mamíferos y de nuestras propias manos. Estudios como *El Genoma Humano*

profundidad. https://www.bbc.com/mundo/noticias/2013/03/130318_ciencia_intensa_vida_microbial_en_fondo_del_mar_fosa_de_las_marianas_ch y el de la *Universidad de Harvard*[11] y la *Universidad de Chicago*[12], coinciden con el orden de la creación en la historia del libro del Génesis. Primero, las criaturas de las aguas, los pájaros que vuelan en el cielo, los animales de la tierra y luego el hombre creado a imagen y semejanza del Creador. Todos ellos, incluido el hombre, tienen la misma estructura del ADN como base para su creación.

Pero en el genoma del ADN del hombre, Dios codificó nueva información, un nuevo lenguaje, un nuevo código genómico, es decir, el código de la imagen de su Creador en el ADN de Adán. "Entonces, Dios creó al hombre a su imagen, a imagen de Dios lo creó, varón y hembra los creó". (Génesis 1:27).

El ADN de Adán contenía la información y el código para ser bendecidos por Dios, para que se fructificara y se multiplicara; para llenar la tierra y sojuzgarla, (no destruirla); para señorear en los peces del mar, las aves de los cielos y todas las bestias que se mueven sobre la tierra. Además, el ADN de Adán contenía la

---

[11] En el año 2003, se completó la secuencia del genoma humano, aunque no se conoce la función del todo. El proyecto, dotado con 3.000 millones de dólares, fue fundado en 1990 en el Departamento de Energía y los Nacionales de la Salud de los Estados Unidos, bajo la dirección del doctor Francis Collins, quien lideraba el grupo de investigación público, conformado por múltiples científicos de diferentes países, con un plazo de realización de 15 años. Debido a la amplia colaboración internacional, a los avances en el campo de la genómica, así como los avances en la tecnología computacional, un borrador inicial del genoma fue terminado en el año 2000 (anunciado conjuntamente por el expresidente Bill Clinton y el ex primer ministro británico Tony Blair el 26 de junio de 2000), finalmente el genoma completo fue presentado en abril del 2003, dos años antes de lo esperado. Un proyecto paralelo se realizó fuera del gobierno por parte de la Corporación Celera. La mayoría de la secuenciación se realizó en las universidades y centros de investigación de Estados Unidos, Canadá, Nueva Zelanda, Reino Unido y España.

[12] Hace poco un equipo de investigadores de la Universidad de Chicago informó que nuestras manos no sólo comparten una fuerte conexión evolutiva con las alas de los murciélagos o las pezuñas de los caballos, sino también con las aletas de los peces. El descubrimiento ayudará a que los investigadores entiendan cómo nuestros ancestros dejaron el agua, transformando las aletas en extremidades que podían utilizar para moverse en la tierra. https://www.nytimes.com/es/2016/08/23/espanol/de-las-aletas-a-las-manos-el-vinculo-evolutivo-entre-las-personas-y-los-peces.html

información para codificar lo que debía de ser el alimento para su subsistencia. (Gen. 1:28,29).

Lo mismo ocurriría con las bestias de la tierra, y todas las aves de los cielos y todo lo que arrastra sobre la tierra en que hay vida. En su ADN aparecería inscrita la información codificando la lectura para lo que habría de ser su alimentación para su subsistencia. (vs. 30).

Esta misma información de lo que deberían comer o no comer aparecería inscrita en el ADN de los animales de Darwin también. Pero además de que el ADN de Adán tenía información básica para su subsistencia, alimentación y procreación como el resto de los animales de Darwin, el ADN de Adán tenía la información adicional para codificar la lectura de un "soporte neurofisiológico" adicional para almacenar la información que implica haber sido creado a la imagen de su Creador. Su Espíritu Creador "en" él, Su imagen dentro de él. Esto lo distinguió de todos los demás seres creados, a saber, el cerebro con sus 100.000 millones de neuronas y 1.200 millones de células gliales. Este soporte neurofisiológico, el cerebro en Adán, contenía la ciencia, la sabiduría, la inteligencia y la capacidad mental para mantener una relación cercana con su Creador y dominar todas las cosas creadas, incluido el Universo. He ahí el hombre creado a *imagen*[13] de su Creador.

---

[13] Imagen significa figura o representación visual de algo o alguien. Proviene del latín *imāgo, imaginis*, que significa 'retrato'. En este sentido, puede tratarse de una pintura, un dibujo, un retrato, una fotografía o un video: "Estas son **imágenes** de mi boda". **Imagen** también puede referirse a representaciones mentales, ideas o conceptos que se tienen sobre algo o alguien: "Me había hecho una **imagen** muy distinta de esta casa". https://www.significados.com/imagen/

La creación de Adán a semejanza de su Creador Génesis Capítulo II

"Fueron, pues, acabados los cielos y la tierra, y todo el ejército de ellos. Y acabó Dios en el día séptimo la obra que hizo; y reposó el día séptimo de toda su obra." (Genesis 2:1,2). Es que en el principio, Dios había creado los cielos y la tierra. Pero la tierra estaba desordenada y vacía, y las tinieblas estaban sobre la faz del abismo. Aunque el Espíritu de Dios se movía sobre la superficie de las aguas. (Genesis 1:1-2).

Entonces, inclinó Dios los cielos, y descendió; y había densas tinieblas debajo de sus pies. Por el resplandor de su presencia, sus nubes pasaron; granizo y carbones ardientes. Tronó en los cielos Jehová, y el Altísimo dio su voz; la tierra fue conmovida y tembló. (Salmo 18).

Era que el Creador del Universo, con todo su ejército, venía a poner orden en el caos. A traer luz en medio de aquel oscuro abismo cubierto de aguas. A traer vida a un mundo inerte.

Es aquí donde comienza el relato de Juan en su evangelio, cuando dice que en el principio era el Verbo, y el Verbo era con Dios, y el Verbo era Dios y que éste era en el principio con Dios. Todas las cosas fueron hechas por el Verbo y sin él nada de lo que ha sido hecho, fue hecho. En el Verbo estaba la vida, y la vida era la luz de los hombres. (Juan 1:1-4).

Cuando aquella majestuosa luz que era el Verbo resplandeció, las oscuras y tenebrosas tinieblas del profundo abismo se dispersaron y huyeron y no prevalecieron contra ella. La tierra estando en tinieblas y oscuridad, se iluminó con aquel inmenso rayo de luz, el cual recorría el universo a la velocidad de 300,000k/s. Con el resplandor de su presencia el Creador emitió su palabra, la que salió de su boca a la velocidad de la luz y dijo: "Sea la luz"; y todo se llenó de luz y color, como un arcoíris; como el espectro de la luz natural, vista bajo el prisma de las gotas de agua en día lluvioso.

El poder de las palabras en la creación

Según estudios científicos recientes, la vibración de las palabras excita o inhibe el ADN. El texto bíblico de Pedro dice que todo proviene del agua y por el agua subsiste, podríamos tener una vislumbre de la mecánica del poder de la palabra creadora. Al principio el Espíritu de Dios se movía sobre las aguas y, precisamente la vida comenzó en las aguas.

Una serie de experimentos llevados a cabo por el Dr. Japonés, Masaru Emoto, demostraron que los mensajes positivos o negativos y la verbalización de estos nos afectaban, tanto a nosotros como al mundo material que nos rodea. Decía además que nuestro cuerpo se compone de un sesenta por ciento de agua y un porcentaje mayor aun en nuestros órganos internos tales como el cerebro, el corazón y nuestros pulmones; y que estos órganos eran conductos que pueden demostrar cómo los mensajes positivos o negativos pueden afectar la realidad.

En sus experimentos con el agua, el Dr. Emoto descubrió que la conciencia tiene un efecto sobre la estructura molecular del agua y que el agua puede reaccionar a pensamientos y emociones positivas o negativas. Incluso creía que los pensamientos y las conversaciones positivas podían eliminar la contaminación del agua. El Dr. Emoto descubrió que los pensamientos humanos, compuestos de energía, son tan poderosos que podían hasta cambiar la realidad.

"Por la palabra de Jehová fueron hechos los cielos, y todo el ejército de ellos por el aliento de su boca." (Salmos 33:6).

"Y vio Dios que la luz era buena; y separó Dios la luz de las tinieblas." Entonces llamó Dios a la luz Día, y a las tinieblas llamó Noche. Y fue la tarde y la mañana un día." (Gen 1:3-5).

Aquí termina el tiempo sin tiempo, el tiempo de la eternidad y comienza el tiempo temporal. Comienza el tiempo de la noche y el tiempo del día; el tiempo de un día y el tiempo de una hora. El tiempo de minutos y el tiempo de segundos; y cuando llega la noche queremos que sea de día, y cuando llega el día queremos que sea de noche. "Todo tiene su tiempo, y todo lo que se quiere debajo del cielo tiene su hora. Tiempo de nacer, y tiempo de morir; tiempo de llorar, y tiempo de reír; tiempo de endechar, y tiempo de bailar; tiempo de esparcir piedras, y tiempo de juntar piedras; tiempo de abrazar, y tiempo de abstenerse de abrazar; tiempo de buscar, y tiempo de perder; tiempo de guardar, y tiempo de desechar; tiempo de romper, y tiempo de coser; tiempo de callar, y tiempo de hablar; tiempo de amar, y tiempo de aborrecer; tiempo de guerra, y tiempo de paz." (Eclesiastés 3:1-8).

La creación se hace visible por agua

"Estos son los orígenes de los cielos y de la tierra cuando fueron creados, el día que Jehová Dios hizo la tierra y los cielos, y toda planta del campo antes que fuese en la tierra, y toda hierba del campo antes que naciese; porque Jehová Dios aún no había hecho llover sobre la tierra, ni había hombre para que labrase la tierra." (Genesis 2:5-6)

"Entonces Jehová Dios formó al hombre del polvo de la tierra, y sopló en su nariz aliento de vida, y fue el hombre un ser viviente". (4-7).

El capítulo II de Génesis no es una mera repetición de la creación, sino la manifestación física de todo lo que Dios había creado en la mente del Verbo, de las cosas creadas que no se podían ver en el capítulo I.

"No mirando nosotros las cosas que se ven, sino las que no se ven; pues las cosas que se ven son temporales, pero las que no se ven son eternas." (2 Corintios 3:18).

El hombre creado en la mente de Cristo, fue creado espiritual, a Su imagen, en el relato de Génesis I. Ahora, en Génesis Capítulo II, el hombre fue formado del barro a su semejanza, se hace visible en la realidad sensible.

Todo lo que podemos ver está formado por cosas que no podemos ver, partículas que se llaman "cuántas". La mecánica cuántica describe el comportamiento de la materia en todos sus detalles y los acontecimientos a escala atómica. Las cosas a escala microscópica se comportan como nada que hayas tenido alguna experiencia directa.

Las Escrituras dicen: "Por la fe entendemos haber sido constituido el universo por la palabra de Dios, de modo que lo que se ve fue hecho de lo que no se veía." (Hebreos 11:3).

Podríamos decir que al final del séptimo día, todo había sido creado en la mente de Cristo, el Verbo. "Él es la imagen del Dios invisible, el primogénito de toda creación. Porque en él fueron creadas todas las cosas, las que hay en los cielos y las que hay en la tierra, visibles e invisibles; sean tronos, sean dominios, sean principados, sean potestades; todo fue creado por medio de él y para él. Y él es antes de todas las cosas, y todas las cosas en él subsisten." (Colosenses 1: 15-17).

La semejanza de Adán con su Creador

"Entonces Jehová Dios formó al hombre del polvo de la tierra, y sopló en su nariz aliento de vida, y fue el hombre un ser viviente." (Génesis 2: 7).

Mientras que en el capítulo I del libro de Génesis, Dios, el Creador le dio su imagen, su Espíritu a Adán, (análogo a la onda de la luz - abstracto - no se ve), aquí en el capítulo II, el Creador lo forma, lo hace visible (análogo a las partículas de la luz), lo hace a Su semejanza. A semejanza de Él mismo cuando tomó la forma de un siervo aquí en la tierra cuando: "se despojó a sí mismo, tomando forma de siervo, hecho semejante a los hombres." (Filipenses 2: 7)

Todos los seres humanos en este planeta somos descendientes directos de ese hombre, Adán, creado a imagen de su Creador

(Dios) y formado a su semejanza del polvo de la tierra (Hijo) y con el aliento en su nariz (Espíritu Santo).

El aliento de vida de su Palabra, las ondas de luz (fotones cargados de electromagnetismo disparados, a la velocidad de 300.000 km por segundo, listos para excitar las moléculas de la materia y promover el diseño pensado por el Verbo, Cristo. (Génesis 1).

En el capítulo 1, el Creador, el Verbo, había creado en su mente la imagen de sí mismo en Adán. Todo lo que existe fue primero un pensamiento. Quizás por eso la repetición en el texto citado anteriormente, "antes de que fuera visible en la tierra". El Creador ya había diseñado en su mente a Adán, el hombre en cuanto a cómo sería el color de su cabello, de sus ojos, de su piel; su estatura y demás características propias del hombre que habría de tomar forma visible a semejanza de su Creador, codificadas en su ADN.

En el mundo cuántico, la mera observación puede transformar la realidad de las partículas. De este modo, las partículas son afectadas por los pensamientos y sentimientos y, por consiguiente, a un nivel cuántico, los pensamientos construyen la realidad.

Este proceso de creación de Dios es análogo al de construir una casa. Primero, el concepto en mente según las necesidades y gustos del propietario. Luego el plano con sus especificaciones estéticas y científicas. (Gen. Capítulo I). Una vez aprobado y listo el diseño del proyecto, se prosigue a hacerlo visible con los materiales de los elementos de la tabla periódica de la física: arena, piedra, agua, cemento, bloques, acabados, mobiliario, etc., (el plano hecho visible en Génesis capítulo II)

El jardín del Edén

"Y Jehová Dios plantó un huerto en Edén, al oriente; y puso allí al hombre que había formado.". (Génesis 2: 8).

Esta historia es fundamental porque explica la verdadera naturaleza de nuestra vida aquí en la tierra. Nos habla de nosotros mismos, nuestro estado de ser y cómo producimos las condiciones en las que vivimos. Es la experiencia modelo de todos nosotros aquí en la tierra y de nuestro destino. Cuando las personas comprendan completamente esta historia del Jardín del Edén, comprenderán nuestra naturaleza creadora y nuestra naturaleza maligna.

Esta parábola se sitúa al comienzo de nuestra historia humana porque es el fundamento sobre en el que todo se construye, el plan de la creación. Desde el Génesis hasta el Apocalipsis, toda la revelación de la Biblia asume una comprensión de los grandes principios y características del Jardín del Edén, en el que el Creador puso la primera pareja que había creado.

Podríamos llamar a esta historia una parábola porque Jesús habló a la multitud en parábolas. No les dijo nada sin usar una parábola. Así se cumplió lo dicho por medio del Profeta: cuando dijo: "Abriré mi boca en parábolas; hablaré de cosas ocultas desde la fundación del mundo." (Mateo 13: 34,35 LBLA).

Entonces, si una parábola es sólo una historia, ¿por qué no llamarla historia? ¿Por qué usar una palabra inusual como una parábola si un comentario común como "historia" puede hacerlo? La respuesta es simple: porque una parábola es más que una historia. Es una historia, pero además tiene una bonificación añadida a la historia. Tiene dos cosas que corren una al lado de la otra: la lección y la realidad.

En su ignorancia del significado del Huerto del Edén, muchas personas parecen pensar que Eva simboliza a la mujer como sexo y que, de alguna manera, él, Adán, también representó al hombre como sexo. La verdad va mucho más allá de esto; Adán y Eva en el Huerto representan a toda la humanidad en el primer Adán, el ser humano que vive, que ha vivido y que vivirá en la tierra. Lo que nos pasó a nosotros también pasa en el resto de los humanos. Lo que eran, son todos los humanos. Nuestra experiencia es la experiencia de toda la humanidad. Nuestro destino es el destino de toda la raza humana. Lo que les estaba sucediendo en el Huerto, a la pareja, habla de realidades incluso hoy día. Es de toda la humanidad de quien habla el Jardín, no sólo ellos. Todos los seres humanos son confrontados, amados, dirigidos, acusados, expulsados, instruidos y redimidos.

El libro del Génesis es, entonces, el principio, la inocencia, la culpa, la redención y la perfección de todo hombre y mujer. Lo que pasó ahí es lo que le está pasando a la humanidad, aquí y ahora. Representan lo que son el hombre y la mujer. Representan al hombre y la mujer como los conocemos, con todas sus capacidades y potenciales, bajo la influencia de su Creador. Siendo creados puramente espirituales, a imagen y semejanza de su Creador, por desobediencia a la Ley Superior, cayeron en lo meramente biológico, como el resto de los animales que Dios creó.

El árbol del bien y del mal

"Mas del árbol de la ciencia del bien y del mal no comerás; porque el día que de él comieres, ciertamente morirás.". (Génesis 2:17)

En la tradición judía y cristiana, el árbol del conocimiento del bien y el mal, y el comer de sus frutos, representa, en el libro del Génesis, el comienzo de la mezcla del bien y del mal al mismo tiempo. Sólo los seres biológicos, como la vegetación y los animales inferiores, estaban sujetos al ciclo de muerte y vida. El humano, creado a imagen y semejanza de su Creador, no estuvo sujeto al mal, la muerte, la corrupción y otros males que afligen a otros seres vivos. No había libre elección antes de comer la fruta prohibida, existía el mal como una entidad separada de la psique humana y no estaba en la naturaleza humana desearlo. Comer e interiorizar el fruto prohibido cambió todo esto y así nació la inclinación al mal.

Según la historia bíblica del libro de Génesis 1, no hay muerte en el árbol de la vida. "Y dijo Jehová Dios: He aquí el hombre es como uno de nosotros, sabiendo el bien y el mal; ahora, pues, que no alargue su mano, y tome también del árbol de la vida, y coma, y viva para siempre". (Génesis 3:22).

Lo bueno es la alegría de ver la vegetación de abundantes hojas verdes, flores multicolores y hermosas, abundantes frutos para la alimentación y la supervivencia de la especie en verano. Pero también es triste ver en invierno los campos áridos y desolados. Árboles y plantas secos y sin hojas. Los seres biológicos están sujetos al trágico ciclo de la vida y la muerte. Es el drama humano del bien y del mal: dolor y placer, muerte y vida, alegría y tristeza, amor y odio.

En el psicoanálisis de Freud, encontramos que, en el inconsciente, los instintos de vida o Eros se caracterizan por la disposición que crean en el sujeto para formar unidades cada vez mayores. Eros es siempre un apetito de unión y, por ejemplo, se manifiesta en el amor, la actividad sexual y el deseo de mantener la unidad física y psíquica. En el otro lado está, Thanatos, el instinto de muerte. Debido al instinto de muerte encontramos en el sujeto un apetito hacia el estado de tranquilidad total, hacia el cese de la estimulación y la actividad, un afán por volver al estado inorgánico inicial. Este instinto es fundamental para otros instintos positivos formando, junto con el instinto de vida o Eros, disposiciones fundamentales de todo ser vivo y del hombre. "El masoquismo, el sadismo y todo deseo de destrucción es una expresión patológica del instinto de Thanatos, la muerte.

La fruta prohibida

Hay varias teorías para designar el tipo de fruta que la pareja comió en el Jardín del Edén. Uno de ellos es la mala traducción de la palabra latina malum-mal (mal) para la frase malus-apple. Otras teorías dicen que el fruto prohibido era la higuera ya que las hojas que se usaban para cubrir su desnudez eran las de la higuera. Un hermoso árbol, la sidra, una bebida embriagadora, un producto de la manzana, etc. La palabra sidra proviene del latín *sicĕra*, que a su vez proviene del hebreo *šēkāt*, bebida embriagadora, producto de la manzana. De ahí parece ser la tradición señalar "la manzana", la fruta prohibida.

Cualquiera sea el fruto prohibido, lo cierto es que comer dicho fruto y más aún, desobedecer la Ley del Creador, provocó la separación del hombre de su Creador. Después de que comieron la fruta prohibida, tanto Adán como Eva, corrieron a esconderse entre los árboles del jardín, porque escucharon los pasos del Señor caminando al aire fresco del día. Por primera vez la emoción del miedo se apodera de la psique de la pareja.

La dieta incluye alimentos y bebidas como el alcohol y las drogas, que alteran los estados de conciencia de quienes los consumen y que, con un uso prolongado, pueden alterar o modificar la lectura del ADN. El consumo de bebidas alcohólicas provoca un déficit de memoria como producto del alcohol en el hipocampo. En las mujeres, el efecto tóxico es más pronunciado que en los hombres porque lo metabolizan peor. Lo que hace es que libera dopamina, dando lugar a un estímulo agradable. Algunas moléculas, como las anfetaminas, ejercen un dopaje intelectual, aumentan la dopamina en las redes de memoria y retienen los recuerdos durante un breve período de tiempo. Para hablar, imaginar, reflexionar, razonar, calcular, decidir o planificar el futuro, necesitamos la memoria que gestiona en tiempo real y mantiene presente la información almacenada.

No guardamos en la memoria todo lo que sucede a nuestro alrededor; sin embargo, si la intensidad del estímulo es fuerte, esa experiencia se fija y se almacena a largo plazo. Cuanto más sensibles o emocionales somos a un incidente, más detalles memorizados y el sentido de la realidad aumentan. Lo vivido y lo conocido configuran la memoria autobiográfica.

El deseo de trascender es el principal apetito del alma. La necesidad de trascender se apoderó tanto del salmista que llegó a envidiar al gorrión y a la golondrina por anidar y revolotear cerca del altar del Señor. "Aun el gorrión halla casa, y la golondrina nido para sí, donde ponga sus polluelos, cerca de tus altares, oh, Jehová de los ejércitos, Rey mío, y Dios mío." (Salmos 84: 3).

Cuando, por cualquier razón, hombres y mujeres no logran trascender a sí mismos mediante la adoración, las buenas obras y los ejercicios espirituales, se inclinan a recurrir a los sustitutos químicos de la religión, las drogas. Si miramos a nuestro alrededor, podemos ver cómo el uso de drogas legales o ilegales, incluido el alcohol, se consume en un número cada vez mayor.

El Arbol de la Vida

El árbol de la vida es un motivo muy extendido en muchos mitos y cuentos populares en todo el mundo, mediante el cual las culturas intentaron comprender la condición humana y profana concerniente al reino de lo divino y sagrado. Muchas leyendas hablan de un árbol de la vida que crece en el suelo y da vida a dioses o seres humanos o un árbol del mundo, muchas veces vinculado a un "centro" de la tierra. Probablemente sea el mito humano más antiguo y quizás un mito universal.

En la mitología egipcia antigua, los dioses tenían su asiento en un sicómoro, *Ficus sycomorus*, cuyos frutos estaban destinados a alimentar a los bienaventurados. Según el Libro de los Muertos egipcio, los sicómoros gemelos flanqueaban la puerta oriental del cielo de la que el dios sol, Re, emergía cada mañana. Este árbol también fue considerado una manifestación de las diosas Nut, Isis, especialmente Hathor, la "Dama del Sicomoro". El árbol *Ficus sycomorus* a menudo se plantaba cerca de tumbas y se creía que un hombre muerto enterrado en un ataúd de su madera regresaba al útero de la diosa madre árbol.

El árbol de la vida se tomaba a menudo como el centro del mundo. Fue visto como una unión del cielo y la tierra, lo que representa un vínculo vital entre los mundos de los dioses y los humanos. Oráculos, juicios y otras actividades proféticas tuvieron lugar a su sombra.

El Árbol de la Vida de la Cábala (doctrina esotérica medieval del misticismo judío) tenía diez ramas, las *Sefirot*, que representaban los diez atributos o emanaciones mediante las cuales lo infinito y lo divino entrarían en relación con lo finito.

El candelabro ramificado llamado menorá, uno de los símbolos más antiguos del judaísmo, está relacionado con el árbol de la vida. Dios le habría dictado la forma de la menorá a Moisés; iba a tener seis brazos con copas en forma de flor de almendro, con capullos y flores. En el libro de Proverbios, también nos dice que la sabiduría es árbol de vida; "Ella es árbol de vida a los que de ella echan mano, y bienaventurados son los que la retienen." (Prov. 3:18).

El llamado árbol del mundo, o árbol cósmico, es otro símbolo como el árbol de la vida. Había un árbol del mundo en el Jardín del Edén del libro del Génesis, y esta tradición es común al judaísmo, el cristianismo y el islam. Los mitos del árbol cósmico son haitiano, finlandés, lituano, húngaro, indio, chino, japonés, siberiano y del norte de Asia. Los pueblos antiguos, particularmente hindúes y escandinavos, imaginaban el mundo como un árbol divino nacido de una sola semilla sembrada en el espacio.

Los antiguos griegos, persas, caldeos y japoneses tenían leyendas que describían el árbol del eje sobre el que gira la tierra. Los cabalistas medievales representaron la creación como un árbol con sus raíces en la realidad del espíritu (el firmamento) y sus ramas en la tierra (realidad material). La imagen del árbol invertido también se ve en posturas invertidas en yoga, en las que los pies se conciben como receptáculos para la luz del sol y otras energías celestiales que se transformarán a medida que el árbol transforma la luz en otras energías.

Sin embargo, lo más común es creer que el árbol cósmico tiene sus raíces en el mundo inferior y sus ramas en lo más alto del firmamento. Siempre han sido considerados naturales y sobrenaturales al mismo tiempo, es decir, pertenecientes a la tierra, pero de alguna manera no de la tierra misma. Encontrarse con este árbol, o vivir en él, por lo general, siempre significa la regeneración o el renacimiento de un individuo. Muchos cuentos épicos de otras culturas orientales concibieron el árbol de la vida como hundiendo sus raíces en el cielo y nutriendo su tronco, ramas, hojas y frutos de la savia del cielo. El héroe muere en el árbol y se regenera. También existe la idea de que el árbol del mundo contaba la historia de los antepasados, y reconocer el árbol era reconocer el lugar del individuo como ser humano.

Otras culturas orientales concibieron que el árbol de la vida hunde sus raíces en el cielo y nutre su tronco, ramas, hojas y frutos de la savia del cielo.

En las ciencias biológicas el término neuroanatómico *Arbor-vitae* (árbol de la vida), describe el patrón de ramificación entre la sustancia gris cortical y la sustancia blanca subcortical del cerebelo.

Muchas creencias de diferentes filosofías y religiones ven al Árbol de la Vida invertido, hundiendo sus raíces en el cielo. La enseñanza judeocristiana enseña que el Creador, Dios, es la fuente de toda la creación, sabiduría, conocimiento e inteligencia. El libro de Proverbios dice que, Jehová da la sabiduría, "Y de su boca viene el conocimiento y la inteligencia." (2: 6). También enseña que: "El fruto del justo es árbol de vida; el que gana almas es sabio." (11:30). Según el libro de Apocalipsis, comer del árbol de la vida es para el vencedor. (Apocalipsis 2: 7).

Según Las Escrituras podemos afirmar que la sabiduría, la inteligencia, el conocimiento, el fruto del Espíritu, todo esto proviene de Dios, del Padre de la Luz. Esa Luz, cuya fuente proviene del Cielo, es análoga al arco iris en un día lluvioso; su luz se refleja en el mundo natural como el "fruto del Espíritu". "Mas el fruto del Espíritu es amor, gozo, paz, paciencia, benignidad, bondad, fe." (Gálatas 5: 22.23).

El texto sagrado dice: "Toda buena dádiva y todo don perfecto desciende de lo alto, del Padre de las luces, en el cual no hay mudanza, ni sombra de variación." (Santiago 1:17).

Según la Neuro Teología Cristiana[14], la actividad espiritual de escuchar, pensar y meditar en la Palabra del Creador, Dios, que proviene de las regiones espirituales superiores, provoca la activación de sensaciones y descargas eléctricas y bioeléctricas en el cerebro, que también están sujetas a las percepciones del individuo que lo experimenta. Es decir, las percepciones espirituales internas del cerebro se pueden percibir, interpretar, definir y obtener significado de ellas, como muchas otras experiencias donde hay emociones, activación de recuerdos o actividades de aprendizaje.

Ningún otro sentido sensorial puede percibir tales recuerdos. Estos son problemas entre el hipotálamo, el tálamo y sus complicadas vías aferentes hacia la corteza. Estas se perciben como señales químicas provenientes de esta región del cerebro y llegan a la corteza, que al traducir estas señales las transforma en señales eléctricas, que a su vez son las percepciones que llamamos función directiva.

Entonces, el *Arbor-vitae*, El Árbol de la Vida, para los cristianos, es análogo, al soporte neurofisiológico del Sistema Nervioso Central, el cerebro humano, formado por miles de millones de neuronas y miles de millones de astrocitos que residen en el cerebro. Estos miles de millones de neuronas cerebrales están en comunicación sináptica día y noche, a través de corrientes bioquímicas y eléctricas entre sí. Estos comunican toda la información percibida ya sea por los sentidos naturales o por las percepciones abstractas de los pensamientos, con los que conocemos, abstraemos, comunicamos, aprendemos, recordamos y nos comunicamos con el Creador. Esta función directiva del cerebro es la metáfora del Árbol de la Vida, cuyas raíces se hunden "en el Cielo", en la inmensidad insondable del Concilio del Creador.

---

[14] Dr. Héctor Colón Santiago — Universidad de Neuro Teología Cristiana de Puerto Rico

Los recuerdos de Edén, exquisitos como los sueños, tejen sus hilos de luz en las tradiciones de todos los pueblos. No hay nación bajo el cielo que no da el comienzo de nuestra carrera, aquí en la tierra, desde algún período distante de pureza, paz y armonía con la naturaleza y con todo el Universo. Los jeroglíficos de Egipto, las tablillas de arcilla de Asiria, la Edda de Escandinavia, las leyendas del Tíbet y el bajorrelieve de Roma cuentan la misma historia de bienaventuranza primitiva. Todos quieren probar la verdad de la afirmación de que el Creador (Dios) plantó un jardín hacia el este en el Edén y puso allí al hombre que había formado. Es que el Jardín del Edén no es simplemente una propiedad inmobiliaria en algún lugar de Mesopotamia. No se ha encontrado un lugar así, ni el ángel con su espada de fuego en la entrada, para mantener alejados a los humanos. No es de extrañar que los humanos lo hayan buscado, pero lo han buscado en vano porque lo buscan fuera de sí mismos.

El Jardín no es un lugar físico ubicado en este ni en ningún otro planeta. Es un estado de ser. Es una existencia más elevada, para un hombre, que este estado involucionado en el que nos encontramos en el nacimiento físico. Es el estado del ser en el que el hombre fue quitado de la mano del Creador y colocado aquí en la tierra. Representa al hombre en presencia de su Creador, un hombre con la vida incorruptible disponible para ellos, creado a Su imagen y semejanza, como amo de todas las cosas. Representa a un hombre que vive sujeto a la enfermedad, el dolor y la muerte y, sin embargo, el Jardín también representa al hombre junto con todos los factores ambientales internos y externos que, en última instancia, conducirían a su ruina y alejamiento de su Creador. En cierto sentido, el hombre era el jardín, un jardín dentro de un jardín, un mundo dentro de la creación.

Adán y Eva no pudieron quedarse después de ser tentados y terminaron desobedeciendo lo que Dios les había pedido que no hicieran. Dios no tuvo más alternativa que cumplir su promesa y tuvo que cumplir con la sentencia de muerte. Pero observamos que la muerte física de Adán y Eva no ocurre de inmediato, pero lo que sucede es que ellos fueron expulsados del jardín. Pero en esa expulsión sucederá algo profundamente grave, la promesa de Dios se cumple a la perfección, y mueren respecto a la imagen de Dios que habitaba en ellos. El espíritu de Dios que habitaba en ellos muere. La imagen de su Creador les fue retirada. Dios les permitió mantener el intelecto, pero el Espíritu de Dios en ellos no puede vivir con el pecado, y por lo tanto murieron a esa dimensión espiritual. Sabían que habían muerto ante la posibilidad de seguir viviendo en el Huerto del Edén y continuar en constante comunión con Dios. Adán y Eva continuaron su existencia, alienados de la comunión con su Creador.

Adán engendra a Set a su semejanza, a su propia imagen

"Y vivió Adán ciento treinta años, y engendró un hijo a su semejanza, conforme a su imagen, y llamó su nombre Set." (Génesis 5: 3).

Dios creó a Adán a Su propia imagen y semejanza. Pero Adán engendra a Set, primero a su semejanza y luego a su imagen. Aquí se invierte el orden de la creación. La imagen de Dios ya no está en Adán. La desobediencia dejó a Adán sin la imagen de su creador en él. Ahora Adán creó sus propios pensamientos y caminos. "Porque mis pensamientos no son vuestros pensamientos, ni vuestros caminos mis caminos, dijo Jehová. Como son más altos los cielos que la tierra, así son mis caminos más altos que vuestros caminos, y mis pensamientos más que vuestros pensamientos." (Isaías 55: 8-9).

Los hermanos mayores de Set, Caín y Abel ya habían nacido. Caín había matado a Abel, el que ofreció el sacrificio correcto ante Dios. Las marcas de la desobediencia en el ADN de Caín, transmitidas por la herencia genética de su padre Adán, dieron expresión en sus emociones de envidia y odio, por lo que terminó asesinando a su hermano Abel. (Génesis 4: 1-16). Sólo quedó Caín, un exiliado vagando por la tierra.

Ahora, con el nacimiento de Set, engendrado a la "semejanza y a la imagen de su padre Adán", su descendencia lo sigue con la marca del pecado en el genoma de su ADN. Así que llevamos la marca del pecado en la imagen (espíritu de desobediencia) de Adán en nosotros. "Por tanto, como el pecado entró en el mundo por un hombre, y por el pecado la muerte, así la muerte pasó a todos los hombres, por cuanto todos pecaron." (Romanos 5:12). Nacemos con la semejanza y la imagen de Adán, pero sin la imagen del Creador. Adán le transmitió su propia semejanza e imagen a Set, y Set la transmitió, por herencia genética, "herencia transgeneracional", a toda la humanidad hasta: "Al que no conoció pecado, por nosotros lo hizo pecado, para que nosotros fuésemos hechos justicia de Dios en él, (Cristo)." (2 Corintios 5:21).

La semejanza de Adán y su imagen en nosotros es una transferencia donde el dolor emocional, físico y social que sufrió Adán, fue transmitido por herencia genética a toda la raza humana, hasta nuestro Señor Jesucristo. El derramamiento de su sangre, por el sacrificio en la cruz, nos redimió y nos salvó. "Por tanto, como el pecado entró en el mundo por un hombre, y por el pecado la muerte, así la muerte pasó a todos los hombres, por cuanto todos pecaron." (Romanos 5:12). "Pero el don no fue como la transgresión; porque si por la transgresión de aquel uno murieron los muchos, abundaron mucho más para los muchos la gracia y el don de Dios por la gracia de un hombre, Jesucristo." (vs. 15).

Adán y Eva estaban allí, comiendo del fruto prohibido hasta que: "Oyeron la voz de Jehová Dios que se paseaba en el huerto, al aire del día; y el hombre y su mujer se escondieron de la presencia de Jehová Dios entre los árboles del huerto.". (Génesis 3: 8).

No fue hasta que Adán y Eva escucharon los pasos de Jehová Dios, mientras caminaba en el jardín, que comprendieron su real existencia lejos de su Creador. Es que, con este nuevo estado de conciencia, de confusión, de olvido, de dudas, de libertad ilimitada, perdieron todo contacto con su Creador y lo habían olvidado. De repente escucharon los pasos del Señor caminando en el huerto. En ese momento la pareja comenzó a sentirse diferente, separada de su Creador. Fue una soledad que los separó uno del otro, de su entorno y de su Creador.

CAPÍTULO VI

La Analogía Entre Radiación Electromagnética de la Luz Natural y la Verdadera Luz de Dios

La física cuántica dice: Todo está hecho de pequeños "bits" subatómicos. Pero ¿cuál es la fuerza que mantiene unidas las partículas cuánticas, los átomos y las moléculas? La respuesta es la luz. Desde cualquier alga microscópica hasta el planeta más grande de la galaxia, pasando por el propio ser humano, todo está hecho de materia, compuesta por partículas elementales unidas por una especie de pegamento que conforma el Universo.

La luz, del latín *lux* es una radiación electromagnética que, aunque no se ve, puede ser percibida por el ojo humano a través de un prisma.

Análogo a esa luz natural, Dios es Luz. (1 Juan 1:5). Aunque no se ve, pudo ser percibido, visto por la gente. "Él, (Jesús), es la imagen del Dios invisible, el primogénito de toda creación." (Colosenses 1:15).

Hay siete rangos primarios de frecuencias de onda dentro del espectro electromagnético de la luz. Si bien todos estos tipos de radiación son corrientes de fotones, difieren en su frecuencia, amplitud de onda y contenido de energía. Estos rangos de frecuencia incluyen, de menor a mayor frecuencia: ondas de radio, microondas, infrarrojos, luz visible, ultravioleta, rayos X y rayos gamma.

Análogo al espectro electromagnético de la luz natural, la Verdadera Luz que ilumina a todos venía al mundo. "Y aquel Verbo fue hecho carne, y habitó entre nosotros (y vimos su gloria, gloria como del unigénito del Padre), lleno de gracia y de verdad." (Juan 1:14). "Como parece **el arco iris** que está en las nubes el día que llueve, así era el parecer del resplandor alrededor. Esta fue la visión de la semejanza de la gloria de Jehová." (Ezequiel 1:28).

El espectro de la luz visible es la región del espectro electromagnético que el ojo humano puede percibir y traducir a los diferentes colores que conocemos.

Las Escrituras dan fe de las muchas manifestaciones visibles de Dios al hombre (epifanías). Estas han ocurrido a través de los elementos de la naturaleza, especialmente el fuego, que produce luz y purifica. Dios se le apareció a Moisés y al pueblo de Israel en el fuego. El ángel del SEÑOR se apareció a Moisés en llamas de fuego ... "Y se le apareció el Ángel de Jehová en una llama de fuego en medio de una zarza; y él miró, y vio que la zarza ardía en fuego, y la zarza no se consumía." (Éxodo 3: 2).

Jehová Dios se le apareció a la pareja en el jardín en "el aire del día." (Génesis 3: 8).

De todo el espectro de la luz blanca, la porción que los humanos podemos ver es diminuta en comparación con las otras regiones espectrales. Esta región, llamada espectro visible, comprende longitudes de onda de 380 nm a 780 nm. En la descomposición de la luz, el ojo humano percibe la luz de cada una de estas longitudes de onda como un color diferente. Esta radiación electromagnética no se puede ver a simple vista. Análogo, Dios tampoco se puede ver a simple vista.

"A Dios nadie le vio jamás; el unigénito Hijo, que está en el seno del Padre, él le ha dado a conocer." (Juan 1:18).

La radiación electromagnética es un tipo de campo electromagnético variable, una combinación de campos eléctricos y magnéticos oscilantes, que se propagan por el espacio, transportando energía de un lugar a otro. Este campo electromagnético que se propaga a través del espacio transportando energía es análogo a la presencia del Espíritu de Dios en todo el universo. "¿A dónde me iré de tu Espíritu? ¿Y a dónde huiré de tu presencia? (Salmos 139: 7). "Aun las tinieblas no encubren de ti, y la noche resplandece como el día; lo mismo te son las tinieblas que la luz." (Salmos 139:12).

El espectro electromagnético de las ondas de radio y el de la luz natural son análogos con la manifestación de la luz de Dios

Las ondas de radio se utilizan en una amplia variedad de aplicaciones: radio AM y FM, comunicaciones militares, teléfonos móviles, radioaficionados, redes inalámbricas y muchas más aplicaciones. La mayoría de estas radiofrecuencias pueden pasar libremente a través de la atmósfera, pero algunas son reflejadas o absorbidas por la ionósfera.

Un teléfono móvil sigue siendo un transceptor de radio celular, ya que recibe y envía señales de radio, análogas a la comunicación de Dios con el hombre. Como un transceptor, de recibir y enviar señales de radio, así mismo el Señor dice: "Clama a mí, y yo te responderé, y te enseñaré cosas grandes y ocultas que tú no conoces." (Jeremías 33: 3).

El ADN, en el núcleo celular, tiene las propiedades estructurales compactadas de una antena fractal[15]. De manera análoga a la

---

[15] https://www.researchgate.net/publication/50986117_DNA_is_a_fractal_antenna_in_electromagnetic_fields

comunicación por radio, un transceptor como en el núcleo de ADN puede transmitir y recibir ondas de radio utilizando una antena para fines de comunicación. Es por eso por lo que la pareja en el Huerto pudo escuchar los pasos de Jehová Dios. (Génesis 3: 8).

El Señor se manifestó a la pareja del jardín de manera análoga a las ondas de radio del espectro electromagnético de la luz natural.

El hombre y su esposa oyeron los pasos de Jehová Dios mientras él caminaba por el huerto al aire del día y se escondieron de Él entre los árboles del huerto. Era tal la enajenación de la pareja con su Creador, que sólo pudieron percibir eso, los pasos de Jehová, análogo a una mala señal de radio AM producida por una ubicación fuera de frecuencia.

Una onda de radio se origina cuando un electrón es estimulado con una frecuencia ubicada en la zona de radiofrecuencia. Análogo a, cuando la gente busca a Dios (en una frecuencia que se encuentra en la misma zona de frecuencia). El profeta Jeremías lo deja entrever cuando dice: "Y me buscaréis y me hallaréis, porque me buscaréis de todo vuestro corazón." (Jeremías 29:13).

Todas las ondas electromagnéticas viajan a través del vacío o del aire a la velocidad de la luz.[16] Análogo a cuando el Señor se eleva por un extremo de los cielos y hace su circuito hacia el otro extremo. "De un extremo de los cielos es su salida, y su curso hasta el término de ellos; y nada hay que se esconda de su calor." (Salmos 19: 6)

Las ondas de frecuencia, como las ondas de radio, generalmente constituyen la parte del espectro electromagnético cuya energía fotónica es demasiado débil para romper un átomo. Esta debilidad de la energía fotónica es análoga a cuando Jesús regresó con sus discípulos y los encontró durmiendo y les reprochó que no hubieran podido velar (orar) con él ni siquiera durante una hora. "Vino luego a sus discípulos, y los halló durmiendo, y dijo a Pedro: ¿Así que no habéis podido velar conmigo una hora?" (Mateo 26:40).

---

16 https://www.britannica.com/science/electromagnetic-radiation/Radio-waves

El trauma del miedo de Adán

Tras el sentido auditivo de la pareja ser estimulado por el sonido de las ondas, producto de los pasos de Jehová Dios en el jardín, el sistema límbico de la pareja se activó y automáticamente, tomó el control de la situación. Ello produjo cambios fisiológicos inmediatos sin que ellos tuvieran la oportunidad de razonar.

El sistema límbico[17] está formado por diversas estructuras cerebrales que regulan las respuestas fisiológicas a determinados estímulos. Comprende partes del tálamo, hipotálamo, hipocampo, amígdala, cuerpo calloso, tabique y mesencéfalo.

La amígdala, nuestra defensa emocional, es la estructura más esencial dentro del sistema límbico. Es el que salva y gestiona nuestras emociones más irracionales. Esta parte del cerebro en la que se genera la "defensa" contra los peores sentimientos del ser humano: miedo, ira, tristeza y defensa emocional. Es la estructura más crítica dentro del sistema límbico.

Al escuchar los pasos de Jehová Dios, la adrenalina comenzó a impregnar el torrente sanguíneo de la pareja. Como los animales de Darwin, ya no tenían el conocimiento y la ciencia de su Creador para buscar una respuesta. Perdieron la capacidad de razonar, porque la perdieron con la desobediencia. Sólo le quedaba el instinto animal de "quedarse a luchar o huir". Eligieron lo último, esconderse, huir de la presencia de su Creador. El Espíritu de su Creador, la **imagen** de Él ya no estaba en ellos y, por ende, la capacidad de reflexionar, razonar y anticipar el futuro, de acuerdo con el plan del Creador para con ellos, ya no existía. Se escondieron llenos de miedo entre los árboles del Huerto.

---

[17] El sistema límbico es un sistema formado por diversas estructuras cerebrales que regulan las respuestas fisiológicas a determinados estímulos. Está formado por partes del tálamo, hipotálamo, hipocampo, amígdala, cuerpo calloso, tabique y mesencéfalo. Adam could not reason because he had become disobedient, as Paul tells (Titus in 3: 3). "For we too were once foolish, rebellious, lost, slaves of lusts and various delights, living in malice and envy, abhorrent, and hating each other."

El miedo desencadenó innumerables reacciones fisiológicas sobre las que ya no tenían control. El metabolismo celular aumentó, la presión arterial se acrecentó, el corazón comenzó a latir rápidamente y el pulso se aceleró. Comenzaron a sudar y se les secó la boca. Sintieron que se les escapaba el aliento y les invadía una sensación de asfixia y opresión en el pecho. Sentían náuseas y mareos. Pensaron que pronto todo se saldría de control y se volverían locos.

Fue un miedo terrible a morir; creyendo que por desobedecer y comer el fruto prohibido la muerte de un Dios enojado les sobrevendría repentinamente en cualquier momento y, como una espada de Damocles, esa frase les pesaba en la cabeza: "El día que de él comieres, ciertamente morirás." (Génesis 2:17).

Las sombras de la noche, el ruido de un animal inquieto, el aullido del viento, el movimiento de la rama de un árbol; todo esto, en sus mentes afiebradas, eran fantasmas que venían a traerles la muerte. Ahora, en cualquier momento menos esperado sufrirían la muerte por haber transgredido la orden suprema de su Creador. Esta amenaza les provocó un tremendo estrés que no les permitió estar tranquilos, ni en la noche durante el sueño ni en la vigilia durante el día, hasta el día de hoy. Sin duda, morirían como cualquier ser vivo de los supervivientes de Darwin.

Es que la Palabra de Jehová Dios dice: "Pero acontecerá, si no oyeres la voz de Jehová tu Dios, para procurar cumplir todos sus mandamientos y sus estatutos que yo te intimo hoy, que vendrán sobre ti todas estas maldiciones, y te alcanzarán. Maldito serás tú en la ciudad, y maldito en el campo. Maldita tu canasta, y tu artesa de amasar. Maldito el fruto de tu vientre, el fruto de tu tierra, la cría de tus vacas, y los rebaños de tus ovejas. Maldito serás en tu entrar, y maldito en tu salir. Y Jehová enviará contra ti la maldición, quebranto y asombro en todo cuanto pusieres mano e hicieres, hasta que seas destruido, y perezcas pronto a causa de la maldad de tus obras por las cuales me habrás dejado." (Deuteronomio 28:15-20).

Y sigue diciendo: "Y ni aun entre estas naciones descansarás, ni la planta de tu pie tendrá reposo; pues allí te dará Jehová corazón temeroso, y desfallecimiento de ojos, y tristeza de alma; y tendrás tu vida como algo que pende delante de ti, y estarás temeroso de noche y de día, y no tendrás seguridad de tu vida. Por la mañana dirás: ¡Quién diera que fuese la tarde! y a la tarde dirás: ¡Quién diera que fuese la mañana! por el miedo de tu corazón con que estarás amedrentado, y por lo que verán tus ojos." (Deuteronomio 28: 65-67)

El estrés constante que todo esto conlleva contribuye a un exceso de cortisol, y su descomposición temprana en la sangre produce la propagación de radicales libres, lo que tiene consecuencias nefastas para la salud.

La investigación médica ha estudiado el efecto de los radicales libres en el cuerpo en los últimos años. Estos son iones, átomos o moléculas positivos que han perdido un electrón, por lo que se cargan positivamente. Ya dijimos que el estrés aumenta la cantidad de radicales libres en nuestro cuerpo, estos compuestos juegan un papel crucial en la génesis del cáncer y las enfermedades cardiovasculares. Como son átomos o moléculas que carecen de un electrón en el cuerpo, intentan recuperar ese electrón, y lo hacen de forma agresiva. Cuando este proceso tiene lugar en el interior de las células, estas pierden gran parte de su capacidad defensiva. Los radicales libres o iones positivos dañan el núcleo de las células afectando así al propio material genético por lo que la célula se degenera volviéndose cancerígena.

Al transgredir la Ley Suprema de Dios, la pareja perdió la imagen de su Creador y perdió el "Sentido de la Percepción Espiritual". Sin embargo, Dios les permitió mantener la propiedad de percibir la realidad externa e interna con los cinco sentidos corporales. Tendrían que encontrar las cosas buenas de la vida y descartar las malas, pero por su propia experimentación, eso les traería dolor, sufrimiento y muerte. Ya no encontrar las cosas buenas y las malas por el conocimiento, la ciencia y la sabiduría que proviene de la luz de Dios, sino por su propia cuenta, por su propia experimentación. "Porque Jehová da la sabiduría, y de su boca viene el conocimiento y la inteligencia." (Proverbios 2: 6).

La experiencia de Pentecostés análoga a un salto cuántico

En la física cuántica un salto cuántico es un cambio repentino en el estado físico de un sistema cuántico de forma prácticamente instantánea. En el día de Pentecostés, los 120 reunidos allí y encerrados por el miedo, se llenaron repentinamente del Espíritu Santo y fuego y comenzaron a hablar en otras lenguas según el Espíritu le daba que hablasen. Además, recibieron poder para enfrentar a los que crucificaron al Maestro y los perseguían. (Hechos 2: 4).

Ondas de radio y el salto cuántico

El hombre y su esposa oyeron el ruido de los pasos de Jehová Dios mientras él caminaba por el huerto al aire del día, y se escondieron entre los árboles del huerto.

El estado espiritual caído de la pareja impidió todo contacto con su Creador. El efecto, producto de la fruta prohibida, les tenía adormecidos sus sentidos. En algún momento de esa hora de tranquilidad y paz, cuando soplaba una brisa fresca en el Jardín, escucharon los pasos, no la voz, sino sólo el ruido, análogo al ruido estático en la sintonización de una radiofrecuencia AM interrumpida por algún obstáculo. La pareja trató de esconderse entre los árboles del Jardín, pero ahora, sin la Ciencia, el Conocimiento y la Sabiduría de su Creador, no sabían que los árboles no impedían la omnipresencia del Creador del Universo.

Pocas personas son conscientes del efecto que los árboles pueden tener en la recepción de ondas de radio y microondas. Al igual que con la luz, los objetos como colinas, edificios o árboles altos pueden obstruir o desviar estas señales creando patrones de sombras profundas en las que la recepción es difícil. El efecto de pantalla de los árboles tiene una desventaja adicional, ya que puede variar mucho con la temporada y las condiciones climáticas y es especialmente importante en áreas donde las señales son débiles.[18]

El salto cuántico al microondas

Las antenas de microondas son dispositivos útiles para la recepción de la TV, en radares, radio, comunicaciones por satélite y sistemas de comunicaciones inalámbricas. Las diferentes antenas de microondas tienen otros usos. De manera análoga, la estructura del ADN se comporta como una antena fractal[19], que puede interactuar con los campos electromagnéticos en una amplia gama de frecuencias.

Dado que las microondas tienen más energía y tienen mayor potencia que las ondas de radio, le dieron a la pareja la capacidad, no sólo de escuchar los pasos de Jehová Dios, sino que, también, de ver que estaban desnudos. "Pero Jehová Dios llamó al hombre, y le preguntó: —¿Dónde estás? Él respondió: —Oí tu voz en el huerto y tuve miedo, porque estaba desnudo; por eso me escondí." (Génesis 3:10).

Las microondas se limitan a la propagación en la línea de visión; no pueden pasar alrededor de colinas o montañas como lo hacen las ondas de radio de baja frecuencia. De manera análoga, Juan el Bautista en su mensaje decía que, para obtener la revelación de la gloria de Dios, todo valle se levante, cada montaña y colina

---

[18] https://www.bbc.co.uk/reception/questions/
[19] Blank M, Goodman R. DNA is a fractal antenna in electromagnetic fields. Int J Radiat Biol. 2011 Apr;87(4):409-15. doi: 10.3109/09553002.2011.538130. Epub 2011 Feb 28. PMID: 21457072.

se baje; el terreno accidentado se nivele, los lugares accidentados se aplanen. "¡Todo valle sea alzado y bájese todo monte y collado! ¡Que lo torcido se enderece y lo áspero se allane! Entonces se manifestará la gloria de Jehová y toda carne juntamente la verá, porque la boca de Jehová ha hablado." (Isaías 40: 4-6).

El salto cuántico a los rayos infrarrojos

El principal efecto de la absorción de las ondas de rayos infrarrojos en los materiales es calentarlos, de forma similar a las ondas infrarrojas irradiadas por fuentes de calor como un calefactor o un fuego de leña.[20] De manera análoga al microondas, los rayos infrarrojos pueden calentar materiales. La palabra de Dios puede producir una sensación de ardor. Los dos discípulos que iban a Emmaús, después de la resurrección de Cristo, sintieron que sus corazones ardían. "—¿No ardía nuestro corazón en nosotros, mientras nos hablaba en el camino y cuando nos abría las Escrituras?" (Lucas 24:32).

El infrarrojo es una luz formada por energía electromagnética. Sus ondas son más cortas que las de un microondas, pero más largas que los rayos de luz visible. El infrarrojo es invisible para el ojo humano. El cuerpo humano recibe y emite naturalmente esta luz. Los objetos que no están lo suficientemente calientes para producir luz visible liberan energía infrarroja. No podemos escondernos de la presencia de Dios, porque Dios es omnipresente, está en todas partes, y es omnisciente, todo lo percibe, porque el cuerpo humano recibe y emite naturalmente esta luz infrarroja. Por lo tanto, por más que la pareja tratara, no podía esconderse de su Creador. "¿A dónde me iré de tu espíritu? ¿Y a dónde huiré de tu presencia? (Salmos 139: 7).

---

[20] https://courses.lumenlearning.com/physics/chapter/14-7-radiation/

Espectro de emisión - espectro de absorción

Existe una sorprendente analogía en el espectro de emisión y el espectro de absorción en el espectro de la radiación electromagnética de la luz natural y la luz que proviene de la Luz Verdadera, de Dios.

Todo el mundo absorbe y emite radiación en todas las frecuencias en cantidades que dependen de su temperatura. Por ejemplo, el lector de este libro puede estar recibiendo radiación del Sol e irradiando calor. Este calor se puede detectar con una cámara de infrarrojos. Análogo, el creyente que recibe la luz del evangelio de Jesucristo, absorbe esa luz, por medio del Espíritu Santo y la emite para que alumbre el entendimiento de aquellos que andan en tinieblas. De modo que: "El pueblo que andaba en tinieblas vio gran luz; los que moraban en tierra de sombra de muerte, luz resplandeció sobre ellos." (Isaías 9:2). "Ni se enciende una luz y se pone debajo de un almud, sino sobre el candelero, y alumbra a todos los que están en casa." (Mateo 5:15).

Campo electromagnético no ionizante

La radiación no ionizante incluye los campos electromagnéticos ya mencionados: ondas de radio, microondas y radiación infrarroja, incluida la luz visible. Los campos de poca frecuencia y los campos eléctricos y magnéticos estáticos también entran en esta categoría "no ionizante". La radiación compuesta de cuantos de luz sin energía suficiente para romper los enlaces moleculares se conoce como radiación no ionizante.

El creyente cuya fe es débil es análogo a la radiación no ionizante, pero tenemos que aceptarlo. Según (Mateo 26:36-44), Jesús tomó a los dos hijos de Zebedeo, (Juan y Jacobo), y les convidó a que le acompañasen a orar en el Getsemaní, (lugar donde se exprimían las aceitunas para extraer su aceite). Para

Jesús, era una hora crucial, intensa en su ministerio terrenal. Le había llegado la hora de entregarse para ser crucificado. Tres veces vino y los encontró durmiendo, porque "sus ojos estaban cargados de sueño".

"¡Adelante, duerman y descansen! Pero miren, ha llegado la hora y el Hijo del Hombre es traicionado y entregado en manos de pecadores. Levántense, vamos. ¡Miren, el que me traiciona ya está aquí!". (Mateo 26:45 NVI).

De los siete espectros electromagnéticos, las ondas de radio, microondas e infrarrojos son radiación no ionizante, fuerza débil, análogo a los tres discípulos convidados por Jesús para que le acompañasen a orar en su hora más crucial y decisiva de su ministerio terrenal.

Las fuentes de campos electromagnéticos generados por el hombre que constituyen una parte fundamental de las sociedades industriales, (electricidad, microondas y campos de radiofrecuencia), se encuentran al principio del espectro electromagnético y son de longitudes de onda relativamente largas y bajas en frecuencias, y no pueden romper los enlaces atómicos.

La radiación no ionizante constituye, en general, la parte del espectro electromagnético cuya energía fotónica es demasiado débil para romper enlaces atómicos. Existe una solución análoga, tanto para el espectro electromagnético cuya energía es demasiado débil para romper enlaces atómicos, como para aquellos cuya fe es débil para acompañar al Maestro en las pruebas más difíciles de la vida. El aumento de calor, o energía en la zona espectral y el aumento de la fe en el momento de la prueba de fuego, de la que hace mención el apóstol Pedro, cuando dice: "Amados, no os sorprendáis del fuego de prueba que os ha sobrevenido, como si alguna cosa extraña os aconteciese." (1 Pedro 4:12) También nos habla de la necesidad de aumentar la fe, (energía) para romper los enlaces que impiden "acompañar a Jesús en su hora crucial de la prueba" (Lucas 17:8). "Si tuvierais fe como un grano de mostaza, podríais decir a este sicómoro: Desarráigate, y plántate en el mar; y os obedecería." (Lucas 17:6). La radiación no ionizante, incluso cuando es de alta intensidad, no puede causar ionización en un sistema biológico. Análogo a los que invocan al Señor. "No todo el que me dice: Señor, Señor, entrará en el reino de los cielos, sino el que hace la voluntad de mi Padre que está en los cielos." (Mateo 7:21).

Se ha comprobado que estas radiaciones no ionizantes producen otros efectos biológicos, como calentamiento, alteración de reacciones químicas o inducción de corrientes eléctricas en tejidos y células. Estas radiaciones producen efectos biológicos, como un calor ardiente similar al que sintieron los discípulos en sus corazones cuando Jesús, el resucitado, les abría las Escrituras.

Riesgos de las radiofrecuencias en el medio ambiente

El medio ambiente está saturado de radiofrecuencias. Toda la población, en mayor o menor medida, está sometida a campos de alta frecuencia: antenas de televisión, radio, estaciones FM y AM, radioaficionados, radiotaxis, bomberos, policía, militares. También las antenas telefónicas, Wi-Fi, teléfonos móviles e inalámbricos, radares, etc., suponen una amenaza creciente para la salud y la naturaleza. Es tal el poder destructivo de estas radiaciones que la industria armamentista ha desarrollado armas que utilizan microondas para anular o eliminar personas, así como inhibidores de campos electromagnéticos para su uso contra la población hostil.

"Y la tierra se contaminó bajo sus moradores; porque traspasaron las leyes, falsearon el derecho, quebrantaron el pacto sempiterno." (Isaías 24: 5).

Existe una abundante bibliografía científica de estudios sobre radiofrecuencias y sus efectos en la salud de la población expuesta.

Las estaciones de radio y televisión y los radares podrían servir como ejemplo de qué esperar con las frecuencias y potencias utilizadas por la telefonía móvil. Los efectos fueron ignorados por los funcionarios públicos y, por supuesto, por las empresas que han permitido que un campo de microondas se generalice afectando prácticamente a toda la población mundial. La telefonía analógica, precursora de la telefonía digital, utiliza señales como las que se utilizan en la radio y la televisión. Por el contrario, la telefonía digital funciona con microondas pulsadas de forma notablemente parecida a las que se utilizan en los radares, y es precisamente, la literatura epidemiológica sobre exposición de la población a radiofrecuencias de radio, televisión y radar la que hace años indicaba que existen riesgos de padecer cáncer cerebral, leucemia, y otros tipos de tumores. Además de las alteraciones cardíacas, neurológicas y reproductivas en relación directa con la dosis recibida; es decir, cuanto mayor es la dosis, más significativo es el aumento del porcentaje de riesgo. Pero hay esperanza para aquellos que tienen fe en la Fuente (el Creador) de esos campos electromagnéticos y están sobreexpuestos a ellos.

"Cuando pases por las aguas, yo estaré contigo; y si por los ríos, no te anegarán. Cuando pases por el fuego, no te quemarás, ni la llama arderá en ti." (Isaías 43: 2).

CAPÍTULO VII

El Resplandor de la Gloria de Dios en el Hijo Análogo al Espectro Electromagnético de la Luz Visible

---

El espectro electromagnético comprende el intervalo de todas las radiaciones electromagnéticas y consta de muchos subintervalos, comúnmente denominados porciones, como la luz visible o la radiación ultravioleta.

Radiación electromagnética

La radiación electromagnética (EM) es una forma de energía que nos rodea y adopta muchas formas, como: (1) ondas de radio (2) microondas (3) rayos X (4) rayos gamma .

Estas cuatro porciones del campo electromagnético son análogas a Dios, como Luz, (Espíritu), son ondas de luz. No puedes verlas, pero puedes percibirlas. La Palabra está repleta de analogías entre la luz natural y su espectro electromagnético. He aquí algunos ejemplos:

"Estad atentos a mí, pueblo mío, y oídme, nación mía; porque de mí saldrá la ley, y mi justicia para luz de los pueblos.". (Isaías 51: 4). "Por esta causa los corté por medio de los profetas, con las palabras de mi boca los maté; y tus juicios serán como luz que sale." (Oseas 6: 5). "De Sion, perfección de hermosura, Dios ha resplandecido." (Salmos 50: 2). "Por el resplandor de su presencia, sus nubes pasaron; granizo y carbones ardientes. Tronó en los cielos Jehová, el Altísimo dio su voz; granizo y carbones de fuego. Envió sus saetas, y los dispersó; lanzó relámpagos, y los destruyó." (Salmos 18: 12-14).

Espectro electromagnético

La física cuántica dice: "El espectro electromagnético es el rango de todos los tipos de radiación electromagnética. La radiación que forma el espectro electromagnético se compone de siete regiones o porciones: (1) ondas de radio, (2) microondas, (3) luz infrarroja, (4) luz visible, (5) luz ultravioleta, (6) rayos X, (7) rayos gamma."

La luz solar es una fuente de radiación electromagnética visible, sólo en una pequeña porción del espectro electromagnético. Lo que se puede ver a simple vista de la radiación solar es la luz blanca. Esa luz blanca está compuesta por los siete colores del arco iris y se puede ver a través de un prisma.

Un prisma dispersivo puede romper la luz blanca en sus colores espectrales constituyentes, los colores del arco iris. La encarnación de Jesucristo es análoga a un prisma que irradia la Luz Verdadera del Padre.

"Aquella luz verdadera, que alumbra a todo hombre, venía a este mundo." (Juan 1: 9). "El Hijo es el resplandor de su gloria, y la imagen misma de su sustancia, y quien sustenta todas las cosas con la palabra de su poder." (Hebreos 1:3).

Las siete regiones o porciones del espectro electromagnético de la luz natural son análogas a los siete colores del arco iris. Juan vio a uno sentado en un trono gigante en el cielo. Un arco iris que brillaba como una esmeralda rodeaba el trono. "Y el aspecto del que estaba sentado era semejante a piedra de jaspe y de cornalina; y había alrededor del trono un arco iris, semejante en aspecto a la esmeralda." (Apocalipsis 4: 3).

Los siete espíritus de la verdadera luz de Dios

Isaías profetizó acerca de la venida de Jesucristo y dijo que en él descansarían siete espíritus. "Y reposará sobre él el Espíritu de Jehová; espíritu de sabiduría y de inteligencia, espíritu de consejo y de poder, espíritu de conocimiento y de temor de Jehová." (Isaías 12: 2). En el libro de Apocalipsis, Juan vio al Cordero. "Y miré, y vi que en medio del trono y de los cuatro seres vivientes, y en medio de los ancianos, estaba en pie un Cordero como inmolado, que tenía siete cuernos, y siete ojos, los cuales son los siete espíritus de Dios enviados por toda la tierra." (Apocalipsis 5: 6).

Las Escrituras dan fe de que las muchas manifestaciones visibles de Dios al hombre, (epifanías), han sido a través de los elementos de la naturaleza, especialmente el fuego que produce luz y purifica, por ejemplo:

"Y la apariencia de la gloria de Jehová era como un fuego abrasador en la cumbre del monte, a los ojos de los hijos de Israel." (Deuteronomio 24:17).

Podríamos citar muchos textos más con el referente del fuego (luz) vinculado a la manifestación de la Deidad en los asuntos de los hombres.

Jesús, la Luz del Mundo, y el Fuego Purificador análogo a la región de luz visible del espectro electromagnético

El espectro visible es la región del espectro electromagnético que el ojo humano puede percibir. La radiación electromagnética en este rango de longitudes de onda se llama luz visible o simplemente luz.

"El pueblo asentado en tinieblas vio gran luz; y a los asentados en región de sombra de muerte, Luz les resplandeció." (Mateo 4:16). La luz blanca es una mezcla de muchos colores diferentes, cada uno con una frecuencia diferente. La luz blanca se puede dividir en un espectro de estos colores usando un prisma, un bloque de vidrio triangular. Las regiones del espectro electromagnético son, desde la más potente, siete regiones: rayos gamma, rayos X, radiación ultravioleta, espectro visible, microondas y radiofrecuencia.

La luz se refracta cuando entra en el prisma y una cantidad diferente refracta cada color. Esto significa que la luz que sale del prisma se difunde en varios colores, un proceso llamado dispersión.

La luz natural refractada en el prisma es análoga a la Luz Verdadera, Dios y sus siete Espíritus refractados en su Hijo Jesucristo: Espíritu de Jehová, espíritu de sabiduría y de inteligencia, espíritu de consejo y de poder, espíritu de conocimiento y de temor de Jehová.

"A Dios nadie le vio jamás; el unigénito Hijo, que está en el seno del Padre, él le ha dado a conocer." (Juan 1:18).

Jesús análogo a la luz visible del espectro electromagnético

El espectro visible es la porción del espectro electromagnético visible para el ojo humano. Análogo a la Luz Verdadera, la que nadie puede ver, pero que se hizo visible en la encarnación del

Hijo. "Y aquel Verbo fue hecho carne, y habitó entre nosotros y vimos su gloria, gloria como del unigénito del Padre, lleno de gracia y de verdad." (Juan 1:14).

Existe una analogía entre la radiación electromagnética en este rango de longitudes de onda que se llama luz visible o simplemente luz, y Jesús, como la Luz del mundo. Jesús dijo: "Yo soy la luz del mundo; el que me sigue, no andará en tinieblas, sino que tendrá la luz de la vida." (Juan 8:12).

Luz ultravioleta

En el espectro electromagnético la luz ultravioleta se ubicará entre la luz visible y los rayos X, esto finalmente se dividirá en diferentes clasificaciones de luz ultravioleta: UVA, UVB o UVC. Estas son diferentes clasificaciones de luces ultravioletas que se han implementado más recientemente en sistemas de purificación de aire para matar y eliminar de manera efectiva microorganismos como bacterias, virus y esporas de moho del aire de un ambiente interior. Estas clasificaciones de luces ultravioletas que purifican y eliminan microorganismos nocivos es análogo a Jesús, como purificador de nuestras vidas.

"Pero si andamos en luz, como él está en luz, tenemos comunión unos con otros, y la sangre de Jesucristo su Hijo nos limpia de todo pecado." (1 Juan 1: 7). "Y se sentará para afinar y limpiar la plata; porque limpiará a los hijos de Leví, los afinará como a oro y como a plata, y traerán a Jehová ofrenda en justicia." (Malaquías 3: 3).

Tanto en el Antiguo como en el Nuevo Testamento, Las Escrituras mencionan a Jesús vinculado al referente del fuego y a la luz.

Más de 500 años antes de Cristo, el profeta Isaías profetizó acerca de la venida del Mesías, Cristo, y lo catalogó como la "luz" que brilla en las tinieblas. Al ver la condición del pueblo, el profeta Isaías lo describió como en oscuridad espiritual. Esta era causada por la maldad, el miedo y el desánimo experimentado por el pueblo en ese momento, cuando los asirios atacaron la tierra de Zabulón y la tierra de Neftalí.

"Y pasarán por la tierra fatigados y hambrientos, y acontecerá que, teniendo hambre, se enojarán y maldecirán a su rey y a su Dios, levantando el rostro en alto. Y mirarán a la tierra, y he aquí tribulación y tinieblas, oscuridad y angustia; y serán sumidos en las tinieblas." (Isaías 8:21, 22).

En el próximo capítulo, Isaías profetiza acerca de la luz que vendrá y brillará sobre ellos:

"Sin embargo, no habrá más tristeza para los que estaban en peligro. En el pasado, humilló la tierra de Zabulón y la tierra de Neftalí. Sin embargo, en el futuro, honrará a Galilea de las naciones, por el camino del mar, al otro lado del Jordán. El pueblo que camina en tinieblas ha visto una gran luz; sobre los que viven en la tierra de las tinieblas, ha resplandecido una luz". (Isaías 9: 1,2).

En una referencia al Mesías que vendría, Dios, por medio del profeta dice: "Poco es para mí que tú seas mi siervo para levantar las tribus de Jacob, y para que restaures el remanente de Israel; también te di por luz de las naciones, para que seas mi salvación hasta lo postrero de la tierra." (Isaías 49: 6).

Más de quinientos años más tarde, el escritor del nuevo testamento, Lucas, vincula y relaciona el comienzo del ministerio de Jesús con la profecía de Isaías, cuando se levantó en el templo para leer el rollo y leyó su misión profética donde dice:

"El Espíritu del Señor está sobre mí, por cuanto me ha ungido para dar buenas nuevas a los pobres; me ha enviado a sanar a los quebrantados de corazón; a pregonar libertad a los cautivos, y vista a los ciegos; a poner en libertad a los oprimidos." (Lucas 4: 18,19).

CAPÍTULO VIII

Analogías de las Leyes de la Física Cuántica con Jesús, la Luz del Mundo y sus Enseñanzas

---

La luz es una forma de energía que emiten los cuerpos luminosos y que percibimos a través del sentido de la vista y puede producir cambios.

Análogo a la luz que emiten los cuerpos luminosos y puede producir cambios, la enseñanza de Jesús es luz y esa luz la debe proyectar, emitir el cristiano.

"Vosotros sois la luz del mundo; una ciudad asentada sobre un monte no se puede esconder. Ni se enciende una luz y se pone debajo de un almud, sino sobre el candelero, y alumbra a todos los que están en casa. Así alumbre vuestra luz delante de los hombres, para que vean vuestras buenas obras, y glorifiquen a vuestro Padre que está en los cielos." (Mateo 5:14-16).

"Otra vez Jesús les habló, diciendo: Yo soy la luz del mundo; el que me sigue, no andará en tinieblas, sino que tendrá la luz de la vida." (Juan 8:12).

"Aquella luz verdadera, que alumbra a todo hombre, venía a este mundo." (Juan 1: 9). "Todas las cosas por él fueron hechas, y sin él nada de lo que ha sido hecho, fue hecho." (Juan 1: 3,4). Juan les escribe a los creyentes y les dice las tinieblas van pasando con la luz verdadera del evangelio de Jesucristo, y ya alumbra la luz verdadera. (1 Juan 2: 8). Jesús les dijo, también, a sus discípulos que tendrían luz un poco más de tiempo. Que caminasen mientras tenían la luz antes de que la oscuridad les alcanzara y que, quien camina en la oscuridad no sabía a dónde se dirigía. (Juan 12:35).

Una vez que se ha producido la luz, seguirá viajando en línea recta hasta que llegue a otra cosa. Las sombras son evidencia de que la luz viaja en línea recta. Un objeto bloquea la luz para que no llegue a la superficie donde vemos la sombra. La luz llena todo el espacio antes de golpear el objeto, pero toda la región entre el objeto y la superficie está en sombra. Las sombras no aparecen oscuras porque todavía llega algo de luz a la superficie que se ha reflejado en otros objetos. Una vez que la luz ha golpeado otra superficie o partículas, se absorbe, se refleja porque rebota, se dispersa al rebotar en todas las direcciones, y se refracta, es decir cambia de dirección y velocidad.

La luz natural es análoga a la luz de la Palabra cuando es predicada. Aunque haya cosas y eventos que traten de obstaculizar que esa luz alumbre el entendimiento de la gente, siempre habrá luz, porque, "así será mi palabra que sale de mi boca; no volverá a mí vacía, sino que hará lo que yo quiero, y será prosperada en aquello para que la envié." (Isaías 55:11). El Salmista dice, análogo a la luz cuando se produce: "¿Adónde podrás irte de su Espíritu? ¿Adónde huirás de su presencia? Si subes a los cielos, allí está El; si haces tu cama en lo profundo, ahí está el Señor tu Dios." (Salmos 139:7).

Física Cuántica y Las Escrituras

En esencia, la física cuántica es el estudio de la materia y la energía a niveles pequeños y nanoscópicos, comenzando dentro de los núcleos, átomos y moléculas. La ciencia moderna declara que las "partículas cuánticas" o paquetes de luz de la onda forman átomos, estos átomos forman moléculas y las moléculas forman objetos; todo lo que podemos ver son estas nanopartículas cuánticas. Lo que hace que estas partículas cuánticas sean tan únicas es que no se comportan de acuerdo con las leyes conocidas de la física newtoniana y de Descartes, lo que las convierte más en una serie de probabilidades que en algo que podamos definir, observar y medir objetivamente con nuestros sentidos físicos.

Todo lo que podemos ver está formado por cosas que no podemos ver, partículas llamadas "cuantas", que no se pueden ver. "Por la fe entendemos haber sido constituido el universo por la palabra de Dios, de modo que lo que se ve fue hecho de lo que no se veía." (Hebreos 11:3).

Lo que ves está hecho de lo que no se ve, y a medida que profundizas más y más en el funcionamiento del átomo, ves que no hay nada allí, sólo ondas de energía. Un átomo es un campo de fuerza invisible, una especie de tornado en miniatura que emite ondas de energía eléctrica.

"La Física Cuántica hace visible la maravillosa obra invisible de la Creación de Dios."[21]

"Por la palabra de Jehová fueron hechos los cielos, y todo el ejército de ellos por el aliento de su boca." (Salmos 33: 6)

No hay espacios vacíos en el universo, todo está impregnado de luz. Análogo, el Salmista cuando dice: "Si subiere a los cielos, allí estás tú; si en el Seol hiciere mi estrado, he aquí, allí tú estás." (Salmos 139: 11,12).

El campo magnético del cuanto no se puede ver, pero es una

---

[21] Cita del autor: Samuel Padilla Rosa, PhD.

fuerza poderosa. Análogo al Espíritu Santo y Fuego, del cual Juan el Bautista hablaba y le decía a la gente: "Yo a la verdad os bautizo en agua para arrepentimiento; pero el que viene tras mí, cuyo calzado yo no soy digno de llevar, es más poderoso que yo; él os bautizará en Espíritu Santo y fuego." (Mateo 3:11). Y por lo cual el escritor neotestamentario dice: "Todo lo puedo en Cristo que me fortalece." (Filipenses 4:13).

Toda la radiación electromagnética que se propaga en formas de onda en cualquier espacio puede viajar a través del vacío a una velocidad de aproximadamente 300.000 kilómetros por segundo. Así mismo será la venida del Hijo del Hombre. "Porque como el relámpago que sale del oriente y se muestra hasta el occidente, así será también la venida del Hijo del Hombre." (Mateo 24:27).

¿Sientes miedo o ansiedad? ¿Te sientes aterrado? ¿Te preocupa que te ocurra o te suceda algo indeseable? ¿No estás dispuesto o eres reacio a hacer algo por temor a las consecuencias? Entonces estás tomado por la emoción de la herencia del miedo de Adán. Las Escrituras dicen: "Jehová es mi luz y mi salvación; ¿de quién temeré? Jehová es la fortaleza de mi vida; ¿de quién he de atemorizarme?" (Salmos 27: 1).

CAPÍTULO IX

Analogías de las Leyes de la Física Cuántica y las Enseñanzas del Evangelio de Jesucristo

———

Existen interesantes analogías entre las leyes de la física cuántica y las enseñanzas del evangelio de Jesucristo. A continuación, se muestran algunos ejemplos de estas analogías:

El cuerpo negro cuántico

En la Física Cuántica, un cuerpo negro es un objeto teórico o ideal que absorbe toda la luz y la energía radiante que cae sobre él.

Análogo al cuerpo negro de la cuántica, Las Escrituras dicen que, "el pueblo asentado en tinieblas vio gran luz; y a los asentados en región de sombra de muerte, Luz les resplandeció." (Mateo 4:16). "Ni se enciende una luz y se pone debajo de un almud, sino sobre el candelero, y alumbra a todos los que están en casa. (Mateo 5: 15). "Porque Dios, que mandó que de las tinieblas resplandeciese la luz, es el que resplandeció en nuestros corazones, para iluminación del conocimiento de la gloria de Dios en la faz de Jesucristo. (2 Corintios 4: 6)

A pesar de su nombre, el cuerpo negro emite luz y constituye un sistema físico idealizado para estudiar la emisión de radiación electromagnética. Así mismo Las Escrituras dicen que la luz de Cristo tiene el propósito de alumbrar en el creyente, dar testimonio y hacer que la gente glorifique a Dios. "Así alumbre vuestra luz delante de los hombres, para que vean vuestras buenas obras, y glorifiquen a vuestro Padre que está en los cielos." (Mateo 5:16).

Los efectos de la radiación electromagnética en el cuerpo negro análoga a los efectos del Espíritu Santo sobre el creyente

Todo el mundo emite energía en forma de ondas electromagnéticas. Esta radiación que se emite, incluso en el vacío, es más intensa cuanto más intensa es la temperatura del emisor.

Las Escrituras dicen que Jesús terminó de hablarles. "Y cuando terminó Jesús estas palabras, la gente se admiraba de su doctrina; porque les enseñaba como quien tiene autoridad, y no como los escribas." (Mateo 7:28,29). Esa autoridad provenía del Poder del Espíritu Santo sobre El. "Y Jesús volvió en el poder del Espíritu a Galilea, y se difundió su fama por toda la tierra de alrededor. Y enseñaba en las sinagogas de ellos, y era glorificado por todos." (Lucas 4:14,15).

La energía radiante que emite un cuerpo a temperatura ambiente es escasa y corresponde a longitudes de onda inferiores a las de la luz visible, es decir, de menor frecuencia, como las de la luz infrarroja, o frecuencia incluso menor. Esto es análogo a los que viven en su "zona de confort", viviendo una vida "a temperatura ambiente", siguiendo la corriente de las luces falsas de este mundo.

Las Escrituras dicen: "Yo conozco tus obras, que ni eres frío ni caliente. ¡Ojalá fueses frío o caliente! Pero por cuanto eres tibio, y no frío ni caliente, te vomitaré de mi boca." (Apocalipsis 3:15,16).

Si hay un aumento de energía emitida hay un aumento de temperatura en el cuerpo negro pero de longitudes de onda más cortas y a mayor energía. Esto se debe al cambio de color de un cuerpo negro cuando se calienta. Los cuerpos no emiten energía con la misma intensidad en todas las frecuencias.

Las Escrituras dicen: "Y si sobre este fundamento alguno edificare oro, plata, piedras preciosas, madera, heno, hojarasca, la obra de cada uno se hará manifiesta; porque el día la declarará, pues por el fuego será revelada; y la obra de cada uno cuál sea, el fuego la probará." (1 Corintios 3:12, 13).

La cromodinámica cuántica y la cromodinámica de los cuatro caballos del Apocalipsis

Los legendarios cuatro jinetes del Apocalipsis son, para muchos, uno de los misterios más comentados de la Biblia. Hace unos dos mil años, el apóstol Juan compiló los detalles de su conducción. Desde entonces, los eruditos y creyentes ordinarios se han preguntado qué significan y representan estos cuatro jinetes del Apocalipsis. Mucho se ha escrito acerca de ellos y mucho se ha aplicado únicamente a las luchas entre naciones y conquistadores potenciales o a los horrores de la tribulación bajo el anticristo. En realidad el libro de Apocalipsis no se ocupa tanto de los reinos e imperios mundiales, ni de las guerras, luchas, hambrunas y pestilencias, excepto que están vinculados a los asuntos espirituales de los hijos de Dios.

El libro de Apocalipsis, como hemos señalado repetidamente, es una revelación espiritual, siendo esta la revelación de Jesucristo. Así, los cuatro jinetes y los cuatro caballos representan, como las figuras del resto del libro, aspectos de una creciente revelación o develación de Jesucristo en nuestro cuerpo y a través de él. Estas son realidades espirituales, sentidas y conocidas sólo "en espíritu y por el espíritu".

Los cuatro jinetes del Apocalipsis se encuentran entre los más importantes de los grandes símbolos de la palabra de Dios porque nos dan la clave para el procesamiento de Dios dentro de nosotros. Cuando obtengamos el pleno conocimiento para entender el verdadero propósito en Las Escrituras de los caballos y sus jinetes podremos comprender que su objetivo es enseñarnos verdades espirituales. Entonces podremos ganar un verdadero aprecio por el simbolismo bíblico. La Biblia no está escrita en un estilo, como cualquier otro libro común. Tiene su propio método de presentar las realidades espirituales a través de símbolos pintorescos, que es el lenguaje del espíritu comunicado a la mente del hombre, sabiduría expresada en términos comprensibles para las personas en todos los tiempos y en diferentes partes del mundo y en diferentes grados de espiritualidad.

Los cuatro caballos y sus jinetes presentan una imagen de los tratos de Dios, despojándonos, purgando, procesando, impartiendo y transformando, por lo que somos reducidos a Dios. Una ruina de engaño rápida, poderosa e irresistible visita nuestro mundo exterior de conciencia, identidad humana y nuestro ser interior. A medida que se abren los sellos de la autorrevelación, notamos que lo que sale a la superficie representa lo que está dentro de nosotros. El poder de la vida, simbolizado como caballos, son figuras de gran fuerza, poder y superación personal. "Contra los pastores se ha encendido mi enojo, y castigaré a los jefes; pero Jehová de los ejércitos visitará su rebaño, la casa de Judá, y los pondrá como su caballo de honor en la guerra." (Zacarías 10:3).

¿Cómo se puede colocar a alguien en una posición de autoridad y poder en el reino?

Limpiará a los hijos de Leví, los reyes y sacerdotes de su reino y descalificará a aquellos en quienes no se puede confiar para hacer la voluntad del Padre y cooperar plenamente en la administración de su gracia y gloria. En esta hora importante, los caminos de Babilonia y todos los recursos de la carne, centrados en los sistemas de la iglesia carnal, están siendo completamente purgados. Los atributos de la mente carnal son limpiados, todo egoísmo está siendo quemado y todo deseo de hacer un nombre para nosotros mismos o para reunir a los hombres a nuestro alrededor, en lugar de para Cristo, se está consumiendo. ¡Gracias a Dios que lo está haciendo! Los jinetes cabalgan en sus imponentes caballos por nuestra tierra haciendo morir lo terrenal en nosotros. "Haced morir, pues, lo terrenal en vosotros: fornicación, impureza, pasiones desordenadas, malos deseos y avaricia, que es idolatría; cosas por las cuales la ira de Dios viene sobre los hijos de desobediencia, en las cuales vosotros también anduvisteis en otro tiempo cuando vivíais en ellas." (Colosenses 3:5-7).

Traducido al lenguaje espiritual, los cuatro caballos y sus jinetes presentan una imagen de Cristo en guerra contra la carne, la intención de la carne y el hombre natural. Los cuatro jinetes retratan la guerra, las calamidades, la destrucción y la muerte infligidas a las formas carnales del hombre. Estos cuatro caballos son los caballos de guerra de Dios, manifestaciones de Aquel "que se llama Fiel y Verdadero, y con justicia juzga y pelea" (Apocalipsis 19:11).

No crean que somos meros espectadores del drama que presentan estos jinetes y sus caballos en los distintos escenarios de guerras y destrucción en el mundo natural. Somos parte del elenco en el drama. Mientras los jinetes y los caballos se enfrascan en guerras, destrucción y muertes ahí afuera, acá, dentro de nuestras mentes y corazones, nuestras tierras personales, son enviados también. Son enviados para destruir a todos los enemigos de la ley de Dios en nosotros. Para destruir al usurpador, la serpiente de la intención de la carne del viejo Adán en nosotros. La voluntad de la carne, los deseos de la carne, las emociones de la carne, las obras de la carne y la reivindicación religiosa de la carne, aunque digamos ¡Señor, Señor! siguen ahí, en el subconsciente de nuestra psiquis. Sólo cuando veamos que la tierra gime esperando la liberación de los hijos de Dios es que nos daremos cuenta de ello, y como Pablo exclamaremos: "¡Miserable de mí! ¿quién me librará de este cuerpo de muerte? Gracias doy a Dios, por Jesucristo Señor nuestro. Así que, yo mismo con la mente sirvo a la ley de Dios, más con la carne a la ley del pecado." (Romanos 7:24,25)

En resumen, estos jinetes conquistan y destruyen todo lo que encuentran con la fuerza de sus caballos, la actividad de lo carnal en nosotros. Por tanto, no nos sorprendamos de la terrible experiencia que nos ha sobrevenido para ponernos a prueba, como si algo extraño nos estuviera pasando. Antes, al contrario, debemos regocijarnos por participar de los sufrimientos de Cristo, para que nos gocemos cuando su gloria sea revelada. (1 Pedro 4:12,13).

La ley del desplazamiento

La ley del desplazamiento cuántico muestra cómo se desplaza la curva de densidad de energía a medida que cambia la temperatura sobre el cuerpo negro. Análogo al desplazamiento cuántico, se desplazan los caballos por nuestra tierra espiritual purgando y deshaciendo las obras del viejo Adán en nosotros, a medida que los fundamentos de nuestra fe se van probando.

Los colores de la radiación electromagnética emitidos por un cuerpo negro en equilibrio térmico a una temperatura específica definen el grado térmico emitido por la luz. Por ejemplo, el punto máximo de calor emitido por el color rojo es de 3500 K; el color amarillo es 5000 K y el verde es 5500 K. K es la temperatura de la fotósfera de aproximadamente 5.800 Kelvin.

Los colores de los cuatro caballos del Apocalipsis son análogos a los colores de la fuerza débil del espectro electromagnético. También guardan una analogía con la intensidad del fuego de la prueba por la que el creyente pasa en esos momentos apocalípticos.

El apóstol Pedro dice: "Amados, no os sorprendáis del fuego

de prueba que os ha sobrevenido, como si alguna cosa extraña os aconteciese, sino gozaos por cuanto sois participantes de los padecimientos de Cristo, para que también en la revelación de su gloria os gocéis con gran alegría. Si sois vituperados por el nombre de Cristo, sois bienaventurados, porque el glorioso Espíritu de Dios reposa sobre vosotros. Ciertamente, de parte de ellos, él es blasfemado, pero por vosotros es glorificado." (1 Pedro 4: 12-14).

Mientras el jinete del caballo blanco viene con su arco entesado, flechando la mente y el corazón del creyente con las saetas de su Palabra, el jinete del caballo rojo esgrime esa Palabra, más cortante que espada de dos filos y que sale de su boca y viene contra todos los pensamientos y todas las intenciones del corazón del "viejo hombre". Comienza así una gran batalla entre el espíritu y la carne de forma tal que hace al salmista exclamar: "¡En cuanto a mí, casi se deslizaron mis pies; por poco resbalaron mis pasos!" (Salmos 73:2). Y al apóstol Pablo decir: "Porque hermanos, no queremos que ignoréis acerca de nuestra tribulación que nos sobrevino en Asia; pues fuimos abrumados sobremanera más allá de nuestras fuerzas, de tal modo que aun perdimos la esperanza de conservar la vida. Pero tuvimos en nosotros mismos sentencia de muerte, para que no confiásemos en nosotros mismos, sino en Dios que resucita a los muertos." (2 Corintios 1:8,9).

Los cuatro caballos del Apocalipsis

Los cuatro caballos del Apocalipsis representan una analogía con la acción del campo electromagnético sobre el cuerpo negro, es decir la fuerza, la intensidad de la luz que irradia las partículas subatómicas. La ley del desplazamiento muestra cómo la curva de densidad de energía se desplaza a medida que cambia la temperatura sobre el cuerpo negro.

La Ley del Desplazamiento es análoga al galopar de los cuatro caballos del Apocalipsis con el desplazamiento del Poder del Espíritu Santo en el creyente en diferentes pruebas, para la purificación y perfección del cuerpo de Cristo, la Iglesia.

En Apocalipsis capítulo 5:1-6, el Cordero inmolado y resucitado toma el rollo de la mano derecha del que estaba sentado en el trono y los ancianos le dicen a Juan que no llore más porque, el león de la tribu de Judá, no el Cordero manso y humilde, sino el León de la Tribu de Judá, viene para abrir el libro cerrado desde los tiempos de Daniel. (Daniel 12:4).

"El Cordero, que había sido inmolado, fue y tomó el libro de la mano derecha del que estaba sentado en el trono. Muchos ángeles, miles y miles, y diez mil veces diez mil, comenzaron a decir en voz alta, Digno es el Cordero, que fue inmolado, para recibir poder y riqueza y sabiduría y fuerza y honor y gloria y alabanza. Toda criatura en el cielo y en la tierra y debajo de la tierra y sobre el mar, y todo lo que hay en ellos, dicen: ¡Al que se sienta en el trono y al Cordero sea alabanza y honra y gloria y poder por los siglos de los siglos! Los cuatro seres vivientes dijeron: "Amén", y los ancianos se inclinaron y adoraron." (Apocalipsis 5:7-14).

El Caballo Blanco

"Miré entonces, y vi salir un caballo blanco. El que lo montaba llevaba en la mano flechas y un arco, y le dieron una corona. Había vencido a sus enemigos, y salía dispuesto a seguir venciendo." (Apocalipsis 6:1 TLA).

No debería ser difícil para nadie entender que el jinete montado en un caballo blanco, sosteniendo un arco y flechas, con una corona, no es otro que el precursor, nuestro Señor Jesucristo, quien, esta vez no viene como el humilde Cordero sino como "El León de la tribu de Judá". Viene como un conquistador empeñado en conquistar montado en un caballo blanco. El color blanco, que contiene los siete colores de la luz blanca de la luz natural. Esto significa que, de los cuatro caballos, este es el más fuerte.

Y así Jesucristo, montado en el caballo blanco como la nieve, se coloca en una posición en la que está celebrando, perpetuamente, una victoria. Su marcha es una marcha victoriosa. Sus movimientos siempre tienen éxito. Sus planes se cumplen y sus campañas se desarrollan con la brisa de las banderas del triunfo. Jesucristo avanza como vencedor, y lo hace con gran rapidez y poder. La acción a la que se compromete requiere el poder más extraordinario, incluso el poder del Espíritu, y sus movimientos están llenos de energía con una fuerza inmensurable.

Hay cosas en tu vida que parecen imposibles e invencibles. El jinete del caballo blanco (la fuerza) viene presto con el Poder del Espíritu Santo, (el arco), a disparar (la flecha), la palabra de Dios, dirigida a la mente y al corazón para encarnar su Palabra en nosotros. Así, en el recorrido de los caballos restantes, el creyente podrá, igualmente, vencer por la palabra de Jesucristo y el Espíritu Santo, quien nos hará recordar todo lo que Él nos dijo. (Juan 14:26).

El jinete del caballo blanco viene, en su recorrido por nuestra tierra, echando fuera y haciendo morir esa herencia del trauma transgeneracional del viejo Adán en nosotros. La herencia de problemas y actitudes, miedos, deseos, emociones, circunstancias, debilidades, hábitos y defectos producto de los impulsos y los instintos del animal de Darwin, que sólo Jesucristo puede eliminar con el poder de su Palabra. Como dijo cuando vino por primera vez: "No penséis que he venido para traer paz a la tierra; no he venido para traer paz, sino espada. Porque he venido para poner en disensión al hombre contra su padre, a la hija contra su madre, y a la nuera contra su suegra; y los enemigos del hombre serán los de su casa." (Mateo 10: 34-36).

El Caballo Rojo

"Cuando abrió el segundo sello, oí al segundo ser viviente, que decía: Ven y mira. Y salió otro caballo, bermejo; y al que lo montaba le fue dado poder de quitar de la tierra la paz, y que se matasen unos a otros; y se le dio una gran espada." (Apocalipsis 6:3,4). Cuando Cristo entra en nuestra tierra como el caballo blanco, quita la paz de nuestra tierra, es decir, perturba nuestra zona de confort. Una vez que el Espíritu de Dios nos da vida, una vez que despertamos a nuestra verdadera identidad; una vez que nos levantemos como una nueva creación, ya no nos sentimos cómodos con las cosas del viejo Adán. Dentro de nosotros hemos despertado nuevos deseos, nuevas posibilidades, nuevas esperanzas, nuevas formas de pensar, nuevas percepciones de la realidad, una nueva comprensión, una nueva naturaleza, una nueva mente, un nuevo corazón. Ahora no nos sentimos cómodos con las cosas con las que nos sentíamos afín, como antes. En el viejo Adán nos sentíamos cómodos en ambientes mundanos, entendimientos y actividades carnales. Pero ahora que la mente de Cristo se ha despertado en nosotros, la complacencia con el mundo ha huido de nuestra tierra, de nuestra alma. Lo que significa es que se quita toda la paz, el placer y el gozo de lo terrenal, de la vida carnal natural. Cuanto más nos despiertan la belleza y la gloria de la vida en el espíritu, más se percibe nuestra condición terrenal como una abominación vil.

El jinete del caballo rojo lleva una espada que causa división entre el alma y el espíritu, entre la vida natural, terrenal y la vida celestial. Una sensación de ardor también se enciende dentro de nosotros, es el fuego que purga para comenzar a limpiar nuestra tierra de todas las cosas despreciables y carnales.

El Caballo Negro

"Cuando abrió el tercer sello, oí al tercer ser viviente, que decía: Ven y mira. Y miré, y he aquí un caballo negro; y el que lo montaba tenía una balanza en la mano. Y oí una voz de en medio de los cuatro seres vivientes, que decía: Dos libras de trigo por un denario, y seis libras de cebada por un denario; pero no dañes el aceite ni el vino." (Apocalipsis 6: 5,6). El caballo negro es análogo al cuerpo negro de la física cuántica. Decíamos que, en la Física Cuántica, un cuerpo negro es un objeto teórico que absorbe toda la luz y toda la energía radiante que incide sobre él, constituyendo un sistema físico idealizado para estudiar la emisión de radiación electromagnética.

Cuando el caballo negro galopa sobre nuestra tierra, análogo el cuerpo negro de la cuántica, absorbemos toda la luz que la Palabra del jinete del caballo blanco nos hizo recordar. Una vez que el caballo negro comienza a galopar por nuestra tierra, análogo al cuerpo negro de la cuántica, absorbemos toda la luz, toda la Palabra que el jinete del caballo blanco ha emitido sobre nosotros. Esa Palabra, que es la herramienta que Jesús usó al principio de su ministerio, cuando el diablo lo tentaba, es la Palabra, que, con la fuerza del caballo blanco, el jinete nos la hará recordar cuando estemos en medio de la lucha y de las guerras representadas por el caballo rojo.

Esa luz, esa Palabra la reflejamos en la justicia Divina, representada por la balanza, la cual, el jinete del caballo negro lleva en su mano y que es símbolo de esa justicia divina. Esa balanza que el jinete del caballo negro lleva en la mano nos hace, entonces, recordar el cumplimiento de la Ley cuando dice: "No hagáis injusticia en juicio, en medida de tierra, en peso ni en otra medida." (Levítico 19:35).

En medio de la escasez provocada por el alto valor del vino y el aceite, producto de las guerras que, el galopar por nuestra tierra, el caballo rojo ocasiona, el jinete del caballo negro nos insta a no alterar la balanza, y a no adulterar el vino y el aceite. "El peso falso es abominación a Jehová; Mas la pesa cabal le agrada." (Proverbios 11: 1). La balanza en la mano del jinete del caballo negro es el rechazo al enemigo que nos tienta a obrar con injusticia en esos momentos cuando todo escasea. En esos momentos el jinete del caballo blanco nos ayuda, por medio de su Palabra encarnada en nosotros, a vencer toda tentación. "Entonces, el Señor aparecerá sobre ellos, y saldrá como un rayo su flecha. (Zacarías 9-14 LBLA).

El Caballo Verde

"Y miré, y he aquí un caballo verde; y el que estaba sentado sobre él tenía por nombre Muerte; y el Hades le seguía; y le fue dada potestad sobre la cuarta parte de la tierra, para matar con espada, con hambre, con mortandad, y con las bestias de la tierra." (Apocalipsis 6: 7,8 – Biblia Jubileo 2000).[22]

Hay un significado especial que se ajusta a la descripción del cuarto jinete, el que se llama Muerte, y el Hades lo seguía. La muerte y el infierno están especialmente vinculados en Apocalipsis. Puesto que Cristo vino y quitó la muerte (II Tim. 1:10) y destruyó al que tenía el poder de la muerte, es decir, al diablo (He 2:14), ahora proclama con confianza: "Y el que vivo, y estuve muerto; más he aquí que vivo por los siglos de los siglos, amén. Y tengo las llaves de la muerte y del Hades." (Apocalipsis 1:18). Dado que Cristo ahora posee tanto el infierno como la muerte, porque los ha vencido y los ha tomado para sí, ninguno puede morar en ningún lugar excepto por su autoridad.

La Biblia King James identifica este cuarto caballo como un caballo *pálido*. Los traductores tuvieron dificultades con la palabra *verde* porque este jinete y su caballo traen muerte, infierno y plagas. No podían entender el verde con respecto a la muerte y el hades, por lo que usaron la palabra pálido. Otros traductores identifican a este caballo como color cenizo pálido, verde enfermizo, lívido, cenizo, etc., para encontrar alguna palabra que pudiera estar afín con lo enfermizo, infernal o muerte.

Si ubicamos el color verde en el contexto de este trabajo, el

---

[22] La versión <u>Sagradas Escrituras 1569</u>, también dice verde en vez de amarillo, amarillento, pálido, etc.

color verde es el cuarto de los siete colores que aparecen en un arco iris. El color verde pertenece al cuarto espectro de la luz electromagnética, (luz visible). También, coincide con el cuarto recinto del Tabernáculo de Moisés, la puerta llamada, la Verdad, la que conduce al Lugar Santo.

Hay tres puertas en el Tabernáculo de Moisés: 1. La puerta del Tabernáculo en la entrada que se llama el Camino. 2. La puerta que conduce al Lugar Santo, la Verdad. 3. La puerta que conduce al Lugar Santísimo, la Vida.

El texto bíblico dice: "Jesús le dijo: Yo soy el camino, y la verdad, y la vida; nadie viene al Padre, sino por mí." (Juan 14:6).

Esta puerta, la Verdad, a la entrada del Lugar Santo, es similar a la puerta el Camino, a la entrada del Tabernáculo, pero existe una diferencia. En el caso de la puerta el Camino en la entrada del Tabernáculo, sus cuatro postes estaban adornados con bandas y ganchos de plata y sus bases eran de bronce... (Éxodo 27: 16,17). La puerta la Verdad, que conduce al Lugar Santo, tenía cinco postes, en vez de cuatro. Estos cinco postes de la puerta la Verdad estaban recubiertos de oro en la parte superior y sus bases eran de bronce. (Éxodo 36: 37,38).

Entonces, el cuarto caballo se correlaciona con el cuarto color del arco iris, el verde, con la cuarta porción del espectro electromagnético o la luz visual y el cuarto recinto en el Tabernáculo de Moisés, la puerta la Verdad, la cual conduce al Lugar Santo.

La diferencia entre la puerta el Camino a la entrada del Tabernáculo y la puerta la Verdad que conduce al Lugar Santo es que la primera tiene cuatro postes con bandas y ganchos de plata, y la segunda tiene cinco postes, con su parte superior y sus bandas recubiertas de oro. Es como si los cinco postes, recubiertos de oro, en vez de plata, apuntaran al día de Pentecostés, (prefijo penta, cinco), cincuenta días después de la resurrección del Maestro. En ese momento 120 personas recibieron la promesa que el Maestro, Jesús, les había asegurado antes de que los dejara y se fuera a morar con su Padre en los cielos, el Espíritu Santo y Fuego. Esto es, que muriera al viejo Adán y resucitara al nuevo Adán, juntamente con Cristo. (Efesios 2:6). "Y juntamente con él nos resucitó, y asimismo nos hizo sentar en los lugares celestiales con Cristo Jesús." (Efesios 2:6).

La Física Cuántica dice que cuando se le aplica calor a un cuerpo negro, la onda electromagnética cambia de color según aumenta la energía aplicada por el emisor (Ley de desplazamiento). Llega un punto en el que al aumentar la intensidad de energía el color verde se torna en color azul. Este salto cuántico del verde al azul se debe al comportamiento de las nanopartículas de luz, fotones. Al aumentar la energía radiada por el emisor cambian su color del verde al azul. Es aquí donde los científicos de la física clásica de Newton ya no pudieron observar el comportamiento de la materia con sus viejos instrumentos de medición y tuvieron que buscar nuevos instrumentos para estudiarlo a niveles nanoscópicos o subatómicos.

El caballo verde trae la muerte de manera análoga a la muerte del viejo Adán, de la herencia del pecado en nosotros. El entrar al cuarto recinto del Tabernáculo de Moisés, en donde nos paramos frente a la puerta, la Verdad, la cual conduce al Lugar Santo, es análogo al morir al viejo hombre. "En cuanto a la pasada manera de vivir, despojaos del viejo hombre, que está viciado conforme a los deseos engañosos, y vestíos del nuevo hombre, creado según Dios en la justicia y santidad de la verdad." (Efesios 4:22,24). Pero para tener acceso al recinto del lugar Santo debes estar lleno del Espíritu Santo, como los 120 el día de Pentecostés, y convertirte en una "nueva criatura", "nacer de nuevo", (Juan 3:3), como Jesús le dijo a Nicodemo. Es por eso por lo que la puerta que conduce al Lugar Santo tiene cinco postes con su parte superior y sus bandas recubiertas de oro, en lugar de cuatro postes con bandas y ganchos de plata, como la puerta el Camino, a la entrada del Tabernáculo, La *Concordancia Strong* le da el significado a la raíz de la palabra griega simplemente como *verde*. La forma real de la palabra usada en nuestro texto es *kloros*. La mejor clave para descubrir el significado de cualquier palabra es su uso. Esta palabra griega aparece en sólo tres lugares en el Nuevo Testamento. Veamos cómo se traduce la palabra allí y cuál es su significado obvio por su uso. Cuando Jesús se prepara para multiplicar los panes y los peces, para alimentar a los cinco mil, les mandó que se sentaran todos en grupos sobre la hierba *verde* (Strong: *kloros*). (Marcos 6:39). Cuando el primer ángel tocó la trompeta, todo árbol y toda hierba *verde*, (Strong: *kloros*) se quemó. (Revelación 8:7). Cuando el quinto ángel tocó la trompeta, abrió el pozo del abismo y salieron langostas y se les mandó que no dañasen a la hierba, ni a ninguna cosa *verde*. (Strong: *kloros*). (Revelación 9:1-4).

El Cordero de Dios inmolado, el León de la Tribu de Judá, la Raíz de David, ha triunfado. Vino en un caballo blanco para abrir el libro y sus siete sellos. Cabalgó como un conquistador empeñado en conquistar, hasta hacer morir al viejo Adán, representado por el caballo verde. Es la transformación de lo terrenal, representado por el color verde, a lo celestial, por el color azul.

Jesús dijo: "Yo soy la luz del mundo". (Juan 8:12).

Jesús como la luz del mundo es análogo a la luz natural. La luz natural es luz blanca, una combinación de todos los colores de las ondas del espectro electromagnético. Contiene todos los colores del arco iris y puedes verlos a través de un prisma; así que, como un prisma, el caballo blanco dispersó los diferentes colores de su Luz. En el caso del caballo bermejo o rojo, su jinete recibió el poder de quitar la paz de la tierra y hacer que las personas se maten entre sí. A él se le dio una gran espada. Cuando Jesús estaba enseñando su mensaje aquí en la tierra, dijo: "No penséis que he venido para traer paz a la tierra; no he venido para traer paz, sino espada." (Mateo 10:34).

Por lo tanto, la espada que se le ha dado al jinete del caballo rojo es para esgrimirla hasta los tuétanos de nuestra vida espiritual y separar lo que pertenezca a tu naturaleza terrenal de lo espiritual: Separar la inmoralidad sexual, la impureza, la lujuria, el mal deseo y la codicia, que es idolatría, de lo espiritual. Debido a esto, viene la ira de Dios. Solías caminar de esta manera, en la vida que una vez viviste. (Colosenses 3: 5-7).

Ya, el jinete del caballo blanco hizo encarnar su Palabra con la fuerza de su caballo. El impulso de su arco lanzó la flecha y despertó la Palabra, que como el trigo en Mateo 13, se había sembrado en la mente y el corazón del creyente, pero luego vino el maligno y plantó la cizaña.

El jinete del caballo bermejo o rojo, viene con su espada, que sale de su boca, y con su doble filo la penetra hasta los tuétanos para identificar el trigo de la cizaña. Para discernir lo carnal de lo espiritual. Es aquí donde se traba tremenda lucha entre la carne y el espíritu.

El jinete del caballo negro, entonces, viene con una balanza en la mano, en medio de los estragos de la guerra espiritual que se ha desatado. Viene con la balanza de la Justicia de Dios, recordándole al creyente que, "El Señor aborrece las balanzas adulteradas, pero aprueba las pesas exactas." (Proverbios 11:1 NVI)

Es que nuestra naturaleza biológica se comporta, muchas veces, de manera instintiva y no nos percatamos de ciertos comportamientos impulsivos que no agradan a Dios. Es ahí donde la Palabra "la espada de doble filo, que se le dio al jinete del caballo bermejo," penetra hasta la mente y discierne los pensamientos y las intenciones del corazón. (Hebreos 4:12). El salmista decía: "¿Quién podrá entender sus propios errores? Líbrame de los que me son ocultos." (Salmos 19:12).

En la carta a los Corintios, Pablo daba fe de sus tribulaciones y angustias por predicar el evangelio de Jesucristo. De los judíos cinco veces recibió cuarenta azotes menos uno. Tres veces fue azotado con varas; una vez apedreado; tres veces padeció naufragio; una noche y un día estuvo como náufrago en alta mar; muchas veces en caminos y ríos peligrosos, peligro de ladrones, peligros de los de su nación, peligros de los gentiles, peligros en la ciudad, peligros en el desierto, peligros en el mar, peligros entre falsos hermanos; en trabajos y fatigas, en muchos desvelos, en hambre y sed, en muchos ayunos, en frío y en desnudez. Además de otras cosas, lo que se le agolpaba cada día, la preocupación por todas las iglesias. (2 Corintios 11:24-28).

Y es que mientras el jinete del caballo rojo recorre por nuestra tierra con su gran espada, viene haciéndole la guerra a todas aquellas cosas del viejo Adán. Cuando Jesús terminó su ayuno en el desierto y era tentado por el diablo, al final tuvo hambre, pero la Palabra lo sostuvo y venció la tentación. (Mateo 4:1-11).

La luz de la Palabra es análoga a la luz natural sobre el cuerpo negro de la Física Cuántica, que incide sobre él y la absorbe y luego la refleja. Cuando la luz de la Palabra alumbra nuestro entendimiento ya no habrá otros pensamientos y otras consideraciones, sino que la Palabra entra en lucha con los pensamientos y narrativas del viejo Adán. Allí donde había odio, la palabra nos insta a amar, aún a nuestro enemigo. (Mateo 5:44). Así, análogo a un campo de guerra, nuestra mente, nuestro corazón y nuestro proceder entra en una lucha campal entre el bien y el mal, entre lo carnal y lo espiritual en nosotros.

El caballo rojo galopa por nuestra tierra y viene esgrimiendo su espada, que es la Palabra. Allí donde había odio, lo sustituye por amor, donde había tristeza, la convierte en alegría, donde había disensiones y guerra, las convierte en paz y sosiego. Es decir, nuestra tierra se convierte en un campo de guerra y las guerras dejan los campos y las ciudades desoladas. Todo escasea, nuestras fuerzas se debilitan y entonces, como a Jesús, el enemigo viene con las ofertas, como león rugiente a ofrecer las injusticias. Pero viene presto el caballo negro y su jinete con una balanza en su mano a recordarnos que hay que obrar con la Justicia divina. Con el flechazo de la Palabra, el jinete del caballo blanco nos hace recordar que la balanza de la justicia divina nos dice que, "aunque la higuera no florezca, ni en las vides haya frutos, aunque falte el producto del olivo, y los labrados no den mantenimiento, y las ovejas sean quitadas de la majada, y no haya vacas en los corrales; Con todo, yo me alegraré en Jehová, me gozaré en el Dios de mi salvación. Jehová el Señor es mi fortaleza, el cual hace mis pies como de ciervas, y en mis alturas me hace andar." (Habacuc 3:17-19).

Al caballo verde, y su jinete muerte, seguido por el Hades, se le ha dado potestad para matar con espada y pestilencia la cuarta parte de la tierra.

Uno de los pecados originales de Adán fue la desobediencia. El pecado de desobediencia está arraigado en lo más profundo de nuestro ADN y sólo Jesucristo pudo vencerlo en la cruz del Calvario, por medio de su sangre. La desobediencia de Saúl trajo para sí la más abyecta tragedia.

Amalec había sido un tropiezo para el pueblo de Israel cuando venía por el desierto. El profeta Samuel le encomienda a Saúl que vaya y lo destruya. "Ve, pues, y hiere a Amalec, y destruye todo lo que tiene, y no te apiades de él; mata a hombres, mujeres, niños, y aún los de pecho, vacas, ovejas, camellos y asnos. Y Saúl y el pueblo perdonaron a Agag, y a lo mejor de las ovejas y del ganado mayor, de los animales engordados, de los carneros y de todo lo bueno, y no lo quisieron destruir; mas todo lo que era vil y despreciable destruyeron. Vino, pues, Samuel a Saúl, y Saúl le dijo: Bendito seas tú de Jehová; yo he cumplido la palabra de Jehová. Samuel entonces dijo: "¿Pues qué balido de ovejas y bramido de vacas es este que yo oigo con mis oídos?" Y Saúl respondió: "De Amalec los han traído; porque el pueblo perdonó lo mejor de las ovejas y de las vacas, para sacrificarlas a Jehová tu Dios, pero lo demás lo destruimos". Y Samuel dijo: "¿Se complace Jehová tanto en los holocaustos y víctimas, como en que se obedezca a las palabras de Jehová?" Ciertamente el obedecer es mejor que los sacrificios, y el prestar atención que la grosura de los carneros. Porque como pecado de adivinación es la rebelión, y como ídolos e idolatría la obstinación. Por cuanto tú desechaste la palabra de Jehová, él también te ha desechado para que no seas rey." (1 Samuel 15).

El caballo verde, con su jinete muerte, seguido por el Hades, galopa por nuestra tierra para hacer cumplir el mandato de las Escrituras cuando dice: "Haced morir, pues, lo terrenal en vosotros: fornicación, impureza, pasiones desordenadas, malos deseos y avaricia, que es idolatría; cosas por las cuales la ira de Dios viene sobre los hijos de desobediencia, en las cuales vosotros también anduvisteis en otro tiempo cuando vivíais en ellas." (Colosenses 3:5-7).

CAPÍTULO X

Analogías del Plan de Salvación con las Leyes de la Física Cuántica

Nos parece lógico que el Creador, quien hizo al hombre a su imagen y semejanza, haya pensado en un diseño inteligente, una pequeña molécula para el desarrollo de todos los seres vivos, el (ADN). Más sorprendente aún, nos parece plausible que, al crear al hombre a su imagen y semejanza, en esa misma molécula de ADN agregara un código con información para el desarrollo de un soporte neurofisiológico, el cerebro humano, el SNC, que hace al hombre superior al resto de los animales creados, con la capacidad de relacionarse con su Creador. Con este mecanismo es que los seres humanos saben, razonan, piensan, y lo más distintivo, tienen, además de los cinco sentidos corporales naturales, "el sentido de percepción espiritual"[23]. Con este sentido, el hombre puede elegir entre el bien y el mal, para elegir entre lo que le conviene a él o no,

---

[23] Dr. Héctor Colón Santiago, *El Sentido de percepción Espiritual*, Universidad de Neuro Teología Cristiana de Puerto Rico.

(ética), y lo mantiene conectado, espiritualmente, consigo mismo y con el Creador.

A través del poder del pensamiento y la Palabra en acción, se hizo todo lo creado. Asimismo, el hombre crea y actúa con pensamiento, conocimiento, razonamiento y aún más, por "el sentido de la percepción espiritual" y no por el instinto y los impulsos de los cinco sentidos del hombre natural de Darwin.

Al transgredir la Ley Suprema, el hombre se dio cuenta de su verdadera trágica existencia, el desapego de su Creador y la creación. Cuando reconoció que estaba desnudo y se convirtió en un mortal como los otros seres creados y que, en algún momento desconocido para él, la muerte lo vencería, el miedo se apoderó de él.

"Oí tu voz en el jardín, y tuve miedo porque estaba desnudo y me escondí". (Génesis 3:10).

La desobediencia del hombre había roto el equilibrio de paz, tranquilidad y armonía entre Dios, el hombre y toda la creación. Ahora estaba abrumado por el miedo al peligro y a la muerte, no codificado en su ADN original. Ahora, sin esperarlo, se habían desencadenado en su interior una serie de reacciones fisiológicas descontroladas que no podía manejar, sólo el instinto de plantarse y luchar o huir de un peligro amenazante. Optó por huir. A partir de entonces comenzó a sentir la emoción del miedo, de que en cualquier momento menos esperado, la muerte los sorprendería sin tener otra opción.

El estrés que produce este estado de alerta, de forma continua en el organismo, produce más cortisol y al mismo tiempo, por su corta duración, se degrada y produce más radicales libres en la sangre, generando así todo tipo de enfermedade: Alzheimer, cáncer tumores, enfermedades neuronales y otros trastornos que afligen a los seres humanos, hasta el día de hoy, sin mencionar la depresión y la ansiedad.

La epigenética[24]

En el genoma de nuestro ADN está registrado el trauma del miedo. Por primera vez, los genes en el ADN de Adán fueron marcados por la epigenética, por el factor miedo. En la epigenética, factores externos como el medio ambiente, clima, bebidas y alimentos tóxicos, etc., y factores internos como emociones fuertes, pensamientos y creencias, entre otros, y el estrés provocado por el miedo prolongado producen marcas epigenéticas en el ADN. Un evento estresante en el pasado puede activarse o no en situaciones posteriores. La emoción del miedo, el mecanismo que desencadena el miedo, se encuentra almacenado, tanto en las personas como en los animales, en el cerebro, específicamente en el sistema límbico.[25] Este mecanismo se encarga de regular las emociones, las peleas, la huida y la evitación del dolor y en general, de todas las funciones de conservación del individuo y la especie. Este sistema revisa constantemente, incluso durante el sueño, toda la información que se recibe a través de los sentidos y lo hace a través de la estructura denominada amígdala cerebral, la que controla las emociones básicas, como el miedo y el afecto y se encarga de localizar el origen del peligro. Cuando la amígdala ha activado la sensación de miedo se desencadena la ansiedad y su respuesta puede ser "luchar o huir", el enfrentamiento o la huida.

---

[24] La epigenética es el estudio de los cambios hereditarios en la expresión génica (genes activos versus inactivos) que no implican cambios en la secuencia de ADN subyacente, un cambio en el fenotipo sin un cambio en el genotipo, que a su vez afecta la forma en que las células leen los genes. El cambio epigenético es un fenómeno regular y natural, pero también puede verse influenciado por varios factores, como la edad, el medio ambiente / estilo de vida y el estado de la enfermedad. www.whatisepigenetics.com

[25] El sistema límbico es un conjunto complejo de estructuras que se encuentran a ambos lados del tálamo, justo debajo del cerebro. Incluye el hipotálamo, el hipocampo, la amígdala y varias otras áreas cercanas. Parece ser el principal responsable de nuestra vida emocional y tiene mucho que ver con la formación de recuerdos. webspace.ship.edu

Cómo la palabra de Dios puede modificar por la epigenética genes marcados con la mancha del espíritu de desobediencia y el miedo a la muerte

"Por tanto, como el pecado entró en el mundo por un hombre, y la muerte por el pecado, así la muerte pasó a todos los hombres, por cuanto todos pecaron". (Romanos 5:12). "Aunque te laves con lejía, y amontones jabón sobre ti, la mancha de tu pecado permanecerá aún delante de mí, dijo Jehová el Señor." (Jeremías 2:22).

El Verbo, la Luz de este Mundo, nuestro Señor Jesucristo, vino a limpiarnos, a purificarnos de la mancha del pecado que habita en nuestros miembros, (en el centro de cada uno de los miles de millones de células de nuestro cuerpo), debido al "trauma transgeneracional"[26] del miedo al peligro y a la muerte.

La memoria genética transgeneracional

El miedo sufrido por Adán dejó marcas epigenéticas en el genoma de nuestro ADN y estas fueron transferidas por herencia genética a las generaciones posteriores (trauma transgeneracional).

---

[26] El sistema biológico entra en juego cuando no puedes escapar de la amenaza, si crees que vas a morir o percibes que lo que está sucediendo no tiene fin. En este caso, el cuerpo recibe señales para reducir la velocidad o apagarse (la respuesta de inmovilización). La recuperación de la inmovilización lleva mucho más tiempo y es importante tener una buena terapia de trauma, apoyo social y hacer ejercicio. Los estudios de hijos de segunda generación de sobrevivientes del holocausto revelan que los hijos de madres con PTSD tienen más probabilidades de desarrollar PTSD que aqueloos cuyo padre tenía PTSD. Esto sugiere la posible influencia de la genética como diferenciada de la influencia ambiental. Los estudios de gemelos también revelan una mayor prevalencia de PTSD entre los sobrevivientes de trauma que también tenían un gemelo con PTSD reforzando aún más un modelo genético. Si bien se necesita más investigación para separar el debate entre la naturaleza y la crianza, los resultados sugieren fuertemente que puede haber un componente epigenético en la transmisión transgeneracional del trauma. http://drarielleschwartz.com

La memoria genética transgeneracional es un concepto que describe la transferencia de la historia marcada en el material genético de un individuo o una especie; sus conocimientos, habilidades, traumas vividos a lo largo de su vida, o en la de sus antepasados.

Es que la desobediencia de haber comido el fruto prohibido no sólo produjo un cambio de comportamiento en la pareja, sino que, a través de la modificación en la genética del ADN, les sobrevivió a las generaciones posteriores por herencia genética.

La transgresión sacó al hombre del Jardín, de la comunión con su Creador, de su conocimiento, de su ciencia y sabiduría, y lo dejó al azar, como los animales de Darwin, guiados por sus impulsos instintivos. Con la transgresión se alteró el ADN, su genoma, no su secuencia, y surgieron marcas epigenéticas que modificarían su expresión. Esas palabras epigenéticas, distorsionadas y confusas, dichas por la serpiente a la mujer, teñidas de ironía y verdades a medias, trajeron confusión y duda a la mente de la pareja. El hombre ya empezó a pensar y actuar según sus propios pensamientos, guiados por el maligno, no por su Creador.

"Porque mis pensamientos no son vuestros pensamientos, ni vuestros caminos mis caminos, dijo Jehová." (Isaías 55: 8).

Descartando las palabras de su Creador, el hombre perdió toda esa información de los misterios y la sabiduría y la ciencia de Dios, y el 80% de su ADN se convirtió en "chatarra"[27], como afirman algunos científicos.

Modificación genética a través de la música y las palabras

Muchos genes en el ADN original, creados por Dios al comienzo de su Creación, fueron marcados y bloqueados

---

27 https://www.scientificamerican.com/article/what-is-junk-dna-and-what/

después de la "caída del hombre" por factores epigenéticos,[28] externos e internos y ambientales. Pero gracias a la Palabra de Dios y a la sangre del Cordero, que limpia las marcas del pecado y nos purifica. Jesús les dijo a sus discípulos: "Ya vosotros estáis limpios por la palabra que os he hablado." (Juan 15:3). Ya no tenemos que ser esclavizados por nuestra herencia de pecado porque la Palabra de Dios puede modificar nuestro ADN. La Palabra dice: "En aquellos días no dirán más: 'Los padres comieron las uvas agrias y los dientes de los hijos tienen la dentera, sino que cada cual morirá por su propia maldad; los dientes de todo hombre que comiere las uvas agrias tendrán la dentera." (Jeremías 31:29,30).

El perdón se recibe a través de la fe. El Padre, Dios, ofreció a Jesucristo como sacrificio para demostrar que él siempre es justo en lo que hace. Lo demostró en el pasado cuando en su paciencia pasó por alto los pecados de muchos, y también ahora al aprobar a todo aquel que confía en Jesús, su Hijo.

El profeta Miqueas dice que Dios se volverá hacia nosotros, y nos tendrá compasión. Sepultará en el olvido nuestras maldades, y arrojará a lo más profundo del mar todos nuestros pecados. (Miqueas 7:19). El profeta está diciendo que Dios ofreció a Jesucristo para hacer posible, por medio de su muerte, el perdón de los pecados.

---

[28] Los científicos han hecho nuevos e increíbles descubrimientos sobre cómo nuestras mentes pueden afectar literalmente a nuestra biología, especialmente a través del estudio de la epigenética, la rama de la ciencia que analiza cómo los cambios hereditarios del fenotipo (apariencia) o la expresión genética son causados por mecanismos distintos a los cambios en la secuencia de ADN subyacente. En lugar de considerar el ADN como el único factor que controla nuestra biología, los científicos también están analizando lo que realmente controla el ADN, lo que incluye nuestros pensamientos. Recibimos instrucciones genéticas de nuestro ADN, transmitidas de generación en generación, pero el entorno en el que vivimos también puede producir cambios genéticos. http://www.collective-evolution.com/

La música puede modificar el ADN

Estudios recientes han descubierto que la vibración de las ondas sonoras de la música y las palabras puede modificar el ADN.[29] Recordamos cómo aquellas melodías interpretadas por el David de Las Escrituras al tocar su instrumento, aliviaban los síntomas de la perturbación mental y espiritual que afligía al Rey Saúl. También la Palabra Creadora, como la que cada vez que el Creador la emitía, creaba, o como esa otra palabra de curación de Jesús, a la distancia, sobre el criado de un centurión romano a quien le dijo: "Ve, y como creíste, te sea hecho". Y su criado fue sanado en esa misma hora... (Mateo 8:13). Y muchos milagros más registrados en Las Escrituras.

Según experimentos científicos, las ondas sonoras de la música y el habla pueden desactivar o activar la información contenida en el genoma del ADN y abrir el sinfín de posibilidades que se encuentran en la memoria genética. Es que los genes del ADN original, tal y como fue creado han sido marcados y bloqueados, por la epigenética, por la música discordante y la palabra mal intencionada transmitidos genéticamente a la humanidad por el trauma transgeneracional causante de miedos, fobias, desórdenes mentales, enfermedades, plagas, guerras, y muerte a lo largo de la historia humana. Además, ese trauma transgeneracional nos mantiene ocupados, estresados y crea falsas necesidades y un sinfín de enfermedades, para que nunca tengamos tiempo de conectarnos con el Creador.

Si ese 20% o 30% de las instrucciones de nuestro ADN codifican nuestro ser, tal como somos, ¡imagínense qué habrá en ese 80% que está bloqueado por la epigenética en el ADN *chatarra!*, como dicen muchos científicos.

"¿No es mi palabra como fuego, dice Jehová, y como martillo que quebranta la piedra?" (Jeremías 23:29).

---

[29] https://search.yahoo.com/search?fr=mcafee&type=E211US1451G0&p=masaru+emoto

El poder de la palabra

El artículo publicado en la revista *Urban Planetarium*, "El poder de la palabra", nos dice que el biofísico y biólogo molecular ruso Pjotr Garjajev y sus colegas, también exploraron el comportamiento vibratorio del ADN. "Los cromosomas vivos funcionan como computadoras solitónicas/holográficas que utilizan radiación láser de ADN endógeno". Eso significa que uno puede simplemente usar palabras y oraciones del lenguaje humano para influir en el ADN o reprogramarlo.

El artículo continúa diciendo que los maestros espirituales y religiosos de la antigüedad han sabido, durante miles de años, que nuestro cuerpo puede ser programado a través del lenguaje, las palabras y el pensamiento.

Ahora que ha sido probado y explicado científicamente, el 90% del ADN basura almacena información. Imaginemos una biblioteca que en lugar de archivar miles de libros sólo guarda el alfabeto común a todos los libros, entonces, cuando solicitas la información de un determinado libro, el alfabeto reúne todo lo contenido en sus páginas y lo pone a nuestra disposición. Esto abre las puertas a un misterio aún mayor, sigue diciendo el autor: 'la biblioteca real estaría fuera de nuestros cuerpos en algún lugar desconocido del cosmos y que el ADN estaría en comunicación permanente con esta reserva universal de conocimiento.

Recordamos las palabras que Moisés le dijo al pueblo cuando les dio la Ley en el desierto:

"Y amarás a Jehová tu Dios de todo tu corazón, y de toda tu alma, y con todas tus fuerzas. Y estas palabras que yo te mando hoy, estarán sobre tu corazón; y las repetirás a tus hijos, y hablarás de ellas estando en tu casa, y andando por el camino, y al acostarte, y cuando te levantes. Y las atarás como una señal en tu mano, y estarán como frontales entre tus ojos; y las escribirás en los postes de tu casa, y en tus puertas." (Deuteronomio. 6: 5-9).

La Palabra de Dios como fuego

El hombre se quedó sin la sabiduría y el conocimiento de su Creador, sin su imagen, sin su Espíritu, sin el conocimiento pleno de lo que es bueno o malo, de lo que le conviene o no. En lugar del hombre ser guiado por el Espíritu de su Creador, comenzó a ser guiado por impulsos de la mente inconsciente del animal de Darwin. Pero la Palabra emitida por medio del Espíritu activa los genes desactivados por el trauma transgeneracional del pecado y lo restituye a su código original de lectura, lo que cambiaría el pequeño porcentaje de similitud con el animal de Darwin.

"Toda la Escritura es inspirada por Dios y es útil para enseñar, reprender, corregir y entrenar en justicia, a fin de que el siervo de Dios esté completamente equipado para toda buena obra". (2 Timoteo 3:16, 17).

El hombre espiritual es guiado por el Espíritu Santo. Cuando Jesús salió del bautismo del agua, el Espíritu Santo se posó sobre El y fue impulsado por el Espíritu al desierto, donde ayunó durante cuarenta días y fue tentado por el diablo. Así no nos extrañamos cuando nos encontramos en diferentes pruebas y dificultades, como dice el apóstol Pedro:

"Amados, no os sorprendáis del fuego de prueba que os ha sobrevenido, como si alguna cosa extraña os aconteciese, sino gozaos por cuanto sois participantes de los padecimientos de Cristo, para que también en la revelación de su gloria os gocéis con gran alegría. Si sois vituperados por el nombre de Cristo, sois bienaventurados, porque el glorioso Espíritu de Dios reposa sobre vosotros. Ciertamente, de parte de ellos, él es blasfemado, pero por vosotros es glorificado.". (1 Pedro 4: 12-14).

Jesús, análogo al fuego purificador y el jabón de lavar

En cuanto a la venida de Jesús a la tierra, el profeta Malaquías la describe de la siguiente manera:

"He aquí, yo envío mi mensajero, el cual preparará el camino delante de mí; y vendrá súbitamente a su templo el Señor a quien vosotros buscáis, y el ángel del pacto, a quien deseáis vosotros. He aquí viene, ha dicho Jehová de los ejércitos. ¿Y quién podrá soportar el tiempo de su venida? ¿O quién podrá estar en pie cuando él se manifieste? Porque él es como fuego purificador, y como jabón de lavadores. Y se sentará para afinar y limpiar la plata; porque limpiará a los hijos de Leví, los afinará como a oro y como a plata, y traerán a Jehová ofrenda en justicia." (Malaquías 3: 1-5).

Mientras Juan el Bautista bautizaba en el Jordán y por primera vez presentó a Jesús, dijo: "Yo a la verdad os bautizo en agua para arrepentimiento; pero el que viene tras mí, cuyo calzado yo no soy digno de llevar, es más poderoso que yo; él os bautizará en Espíritu Santo y fuego." (Mateo 3:11).

Es el Espíritu Santo quien guía las acciones y pensamientos del hombre espiritual; por el contrario, lo que impulsa las acciones del hombre de Darwin son los impulsos biológicos del inconsciente oscuro y los instintos. El Espíritu Santo es quien enseña al hombre espiritual el camino que debe andar.

"Pero cuando venga el Espíritu de verdad, él os guiará a toda la verdad; porque no hablará por su propia cuenta, sino que hablará todo lo que oyere, y os hará saber las cosas que habrán de venir." (Juan 16:13).

El ejemplo más sorprendente de cómo el Espíritu Santo guía al hombre espiritual, y no sus impulsos e instintos, lo encontramos cuando Jesús fue bautizado en el río Jordán por Juan el Bautista y mientras salía del agua el Espíritu Santo reposó sobre él en forma de paloma, luego "el Espíritu le impulsó al desierto". (Marcos 1:12). Además de guiarlo, el Espíritu Santo le dio poder. "Y Jesús volvió en el poder del Espíritu a Galilea, y se difundió su fama por toda la tierra de alrededor." (Lucas 4:14). "Y lleno del Espíritu Santo, Vino a Nazaret, donde se había criado; y en el día de reposo entró en la sinagoga, conforme a su costumbre, y se levantó a leer. Y se le dio el libro del profeta Isaías; y habiendo abierto el libro, halló el lugar donde estaba escrito: "El Espíritu del Señor está sobre mí, Por cuanto me ha ungido para dar buenas nuevas a los pobres; me ha enviado a sanar a los quebrantados de corazón; pregonar libertad a los cautivos, vista a los ciegos; poner en libertad a los oprimidos; a predicar el año agradable del Señor." (Lucas 4:18,19).

CAPÍTULO XI

Una Analogía Entre la Muerte de Jesús y el Agujero Negro de la Física Cuántica

Existe una sorprendente analogía entre el plan de salvación de Jesucristo y el agujero negro de la física cuántica.

Un agujero negro es un lugar o una región del universo en la que la fuerza de la gravedad es tan fuerte que ningún material o partícula, ni siquiera la luz y por eso su nombre, puede escapar de allí. Un agujero negro se forma cuando una estrella muere.

Las Escrituras dicen: "Yo Jesús he enviado mi ángel para daros testimonio de estas cosas en las iglesias. Yo soy la raíz y el linaje de David, la estrella resplandeciente de la mañana." (Apocalipsis 22:16).

Cuando esa "Estrella Resplandeciente de la Mañana", Jesús, estaba muriendo en la cruz, dijo: Padre, en tus manos encomiendo mi Espíritu, y habiendo dicho esto, (análogo a la estrella del agujero negro de la Física Cuántica), expiró, murió. (Marcos 15:37).

La Física Cuántica dice que la enorme fuerza gravitacional que existe allí se debe a una fuerte concentración de masa, y se vuelve tan fuerte porque esta última se comprime en un espacio extremadamente pequeño, del que ni siquiera la luz puede salir.

Las Escrituras dicen: "Ciertamente llevó él nuestras enfermedades, y sufrió nuestros dolores; y nosotros le tuvimos por azotado, por herido de Dios y abatido. Mas él herido fue por nuestras rebeliones, molido por nuestros pecados; el castigo de nuestra paz fue sobre él, y por su llaga fuimos nosotros curados." (Isaías 53: 4,5). Todo el peso de los pecados del mundo fue echado sobre aquel cuerpo del Hijo del Hombre masacrado en aquella cruz.

"Cuando era como la hora sexta, hubo tinieblas sobre toda la tierra hasta la hora novena." (Lucas 23:44). Análogo al agujero negro del que ni siquiera la luz puede escapar de su incontenible atracción, así mismo hubo tinieblas cuando Jesús expiró.

El Agujero Negro de la Física Cuántica y la Muerte

Los experimentos mostraron que los efectos cuánticos se han producido en el laboratorio con partículas no vivas. Los científicos asumieron, por supuesto, que este extraño mundo existía en un mundo de materia muerta y que todo lo viviente operaba de acuerdo con las leyes de Newton y Descartes, un punto de vista que ha informado a toda la medicina y la biología.

Jesús ya había dicho a sus discípulos que el Hijo del Hombre debía padecer mucho y ser rechazado por los ancianos, los principales sacerdotes y los maestros de la ley, y debía ser muerto y resucitado al tercer día. (Lucas 9:22).

La muerte de Jesús es análoga a la muerte del viejo hombre, el primer Adán, el trauma transgeneracional que sufre el hombre hasta nuestros días. Por eso el apóstol Pablo les dice a los Colosenses: "Haced morir, pues, lo terrenal en vosotros: fornicación, impureza, pasiones desordenadas, malos deseos y avaricia, que es idolatría." (Colosenses 3: 5). En Efesios dice que él nos dio la vida cuando estábamos muertos en delitos y pecados. (Efesios 2:1).

Los agujeros negros no se pueden visualizar, aunque actualmente, con los avances tecnológicos y especialmente con los potentes telescopios espaciales modernos, es posible localizarlos. Es por eso por lo que la revelación que había recibido Daniel 12:4 en su tiempo no podía ser develada en aquella época, sino que fue revelada para este tiempo de la cibernética y los instrumentos modernos producto de la Física Cuántica.

La Escritura dice: "Pero tú, Daniel, cierra las palabras y sella el libro hasta el tiempo del fin. Muchos correrán de aquí para allá, y la ciencia se aumentará." (Daniel 12: 4).

Un agujero negro puede ser excepcionalmente grande o sorprendentemente pequeño, e incluso puede ser del tamaño de un átomo. Lo más fascinante es que, a pesar de tener un tamaño tan pequeño como un átomo, pueden contener en su interior la masa de una de las montañas más grandes de nuestro planeta.

"Jesús les dijo: Por vuestra poca fe; porque de cierto os digo, que, si tuviereis fe como un grano de mostaza, diréis a este monte: Pásate de aquí allá, y se pasará; y nada os será imposible." (Mateo 17:20).

La muerte de Cristo es la expiación, la reconciliación de los hombres con Dios, la concesión de una entrada plena y gratuita de regreso al precioso Jardín del Edén del que una vez fueron expulsados nuestros antiguos y desobedientes padres. Pero la vida de Cristo es el Árbol de la Vida en ese jardín, la fuente de la vida, que obrará en nosotros la completa transformación de la naturaleza divina. El pecado, la enfermedad, el dolor, el miedo y la muerte son parte de ese trauma transgeneracional que persigue a la humanidad y no nos permite el regreso a casa. El poder en nuestra vida, entendamos completamente que sólo puede ser logrado por otro poder superior. El poder del pecado y la muerte obra a lo largo de nuestra vida. La muerte de Cristo, que es la expiación, nos reconcilia con Dios; pero sólo la vida del Cristo resucitado puede oponerse al poder del pecado y la muerte y liberar nuestras vidas de la muerte y la destrucción.

Cuando nos sometemos a nuestro Señor Jesucristo, a través del fuego de su Espíritu, comenzamos a absorber su energía, el Espíritu Santo y fuego, y nos convertimos en ese agujero negro de la física cuántica hasta matar al animal, la herencia transgeneracional de Adán en nosotros. Esa herencia genética provocada por el trauma transgeneracional del miedo a la muerte y los impulsos del oscuro inconsciente del animal de Darwin, obrando en nosotros. Por ello Pablo insta a los de Éfeso someterse al Señor Jesucristo, por medio del Espíritu Santo y fuego, hasta alcanzar la medida de la estatura de la plenitud de Cristo. (Efesios 4:13).

La curva catastrófica

Una catástrofe ocurre cuando los cambios repentinos en el comportamiento surgen de pequeños cambios en las circunstancias. Esto puede conducir a cambios dramáticos repentinos, por ejemplo, el caballo negro de Apocalipsis 6, en la apertura del libro sellado. Para que haya un desplazamiento de energía-fuego armonioso en la cromática de los caballos, debería estar galopando allí un caballo color naranja, en lugar de un caballo negro. Esta perturbación de un aumento de energía-fuego, análogo a la curva catastrófica de la Física Cuántica, conduce hacia un repentino ascenso de energía, al caballo de color verde-amarillo, a la catástrofe, a la muerte.

"Nabucodonosor, furioso con Sadrac, Mesac y Abednego, cambió su actitud hacia ellos. Ordenó que el horno se calentara siete veces más de lo habitual y que algunos de los soldados más fuertes de su ejército, ataran a Sadrac, Mesac y Abednego y los arrojaran al horno ardiente. Entonces, estos tres hombres, vestidos con sus túnicas, pantalones, turbantes y otras ropas, fueron atados y arrojados al horno en llamas. La orden del rey era tan urgente y el horno tan candente que las llamas del fuego mataron a los soldados que echaron a Sadrac, Mesac y Abednego en el horno ardiente. (Daniel 3:19-23).

"Los pecadores se asombraron en Sion, espanto sobrecogió a los hipócritas. ¿Quién de nosotros morará con el fuego consumidor? ¿Quién de nosotros habitará con las llamas eternas?" (Isaías 33:14,15).

La radiación electromagnética de los cuerpos calentados no se emite como un flujo continuo, sino que se compone de unidades discretas o cuantos de energía cuyo volumen implica una constante, (constante de Planck). El calor emitido por el emisor de luz, en la Ley de Planck, es análogo al fuego del Espíritu Santo. Al alcanzar un punto máximo, que ya no se puede sostener o contener, lo lleva a la muerte, a la catástrofe, (la curva catastrófica), la muerte del viejo Adán.

Zarandeado por la persecución constante debido a la predicación de la Palabra del Señor, el profeta de antaño se vio tentado a no seguir su ministerio, pero falló en su intento. "Y dije: No me acordaré más de él, ni hablaré más en su nombre; no obstante, había en mi corazón como un fuego ardiente metido en mis huesos; traté de sufrirlo, y no pude. (Jeremías 20: 9).

El Síndrome de Nicodemo

Nicodemo vino a Jesús de noche, con el conocimiento externo que tenía de él en el seminario de la vida y de los estudios de la Ley de Moisés. Por el conocimiento de las cosas que había oído y las cosas que había visto en Jesús, quiso conocerlo en persona.

"Rabí, sabemos que has venido de Dios como maestro; porque nadie puede hacer estas señales que tú haces, si no está Dios con él. Jesús le dijo a Nicodemo: Tienes que nacer de nuevo". (Juan 3: 2).

En otras palabras, morir como lo hizo Jesús, "la Estrella Resplandeciente de la Mañana", análogo al agujero negro de la física cuántica, y renacer en un hombre nuevo análogo a la enana blanca de la física cuántica.

Una enana blanca se forma cuando una estrella ha agotado, consumido todo su combustible nuclear central, ha perdido sus capas externas y muere. Se convierte, así, en una sustancia blanca pesada llamada enana blanca.

En una visión después de su resurrección, Juan vio a Jesucristo, análogo a la estrella enana blanca después de su extinción: "Su cabeza y sus cabellos eran blancos como blanca lana, como nieve; sus ojos como llama de fuego." (Apocalipsis 1:14).

Morir a lo terrenal en nosotros es análogo a llegar a ese punto en el que el creyente necesita ir más allá de sus creencias y doctrinas fundamentales. Morir a lo terrenal en nosotros es ir más allá de lo aprendido en el seminario, en la iglesia, los estudios privados y pasar a otro nivel espiritual en una experiencia personal con el fuego del Espíritu Santo, con el Cristo Resucitado. Ya no es vivir la vida cristiana por lo que escuchamos de las Escrituras o por la aprobación de otros; ya no guiado por los impulsos y la naturaleza límbica emocional instintiva, sino por el mismo Espíritu quien impulsó a Jesús al desierto, ayunando durante cuarenta días y cuarenta noches, siendo tentado por el diablo y comenzando su ministerio de salvación en el Poder del Espíritu.

Cuando Jesús les dijo a sus discípulos que dentro de poco no le verían porque iba al Padre, (Juan 16:17). Jesús les estaba diciendo a sus discípulos que no se afligieran porque les enviaría otro Consolador, el Espíritu Santo y les confortaría y les haría saber todas las palabras que él les había enseñado. Que les haría renacer para una esperanza viva. El "nacer de nuevo" en un hombre y una mujer espirituales no viciados por las obras de la carne que es la herencia del antiguo Adán.

Al comienzo de nuestro caminar como cristianos nuestra comprensión de los caminos y la voluntad de nuestro Padre era extremadamente limitada. Nos apropiamos de la palabra de Dios en un plano superficial y entendimos las cosas espirituales en términos naturalistas y externos: doctrinas, tradiciones, rituales, ceremonias, ordenanzas, bautismos, comuniones, programas, bendiciones, promociones y actividades propias del sistema. Al respecto, Pablo nos dice que vayamos más allá de las enseñanzas elementales acerca de Cristo y seamos llevados hacia la madurez, "... dejando ya los rudimentos de la doctrina de Cristo, vamos adelante a la perfección; no echando otra vez el fundamento del arrepentimiento de obras muertas, de la fe en Dios, de la doctrina de bautismos, de la imposición de manos, de la resurrección de los muertos y del juicio eterno. Y esto haremos, si Dios en verdad lo permite." (Hebreos 6:1-3).

Cuando la luz de Jesucristo se refleja en el hombre, análogo al cuerpo negro de la física cuántica, y a medida que crecemos, espiritualmente hablando y nos sometemos al Espíritu Santo y Fuego, el viejo Adán va muriendo en nosotros. Es por eso por lo que Pablo dice: "Os aseguro, hermanos, por la gloria que de vosotros tengo en nuestro Señor Jesucristo, que cada día muero." (1 Corintios 15:31-33). Análogo, nos convertimos en ese agujero negro, donde el fuego del Espíritu Santo de Dios, obrando en nosotros, es tan fuerte que nada ni nadie puede escapar de su atracción, porque el mismo Jesús dijo: "Y yo, si fuere levantado de la tierra, a todos atraeré a mí mismo." (Juan 12:32).

CAPÍTULO XII

El Espíritu Santo y Fuego en el Día de Pentecostés

Mientras Juan el Bautista bautizaba en el Jordán, presentó a Jesús diciendo lo siguiente:

"Yo a la verdad os bautizo en agua para arrepentimiento; pero el que viene tras mí, cuyo calzado yo no soy digno de llevar, es más poderoso que yo; él os bautizará en Espíritu Santo y fuego." (Mateo 3:11).

Aquí observamos la dual manifestación de cómo la Palabra de Dios se vincula, implica y relaciona, en los procesos espirituales, la obra que Jesucristo vino a ejecutar en el hombre para su restauración y regreso al Huerto de donde fue expulsado. Él, Jesucristo, que es la imagen de Dios, enviaría a sus discípulos otro Consolador cuando dejara este mundo y ya no estuviera físicamente presente con ellos.

Otro Consolador - Defensor

"… el Espíritu de verdad, al cual el mundo no puede recibir, porque no le ve, ni le conoce; pero vosotros le conocéis, porque mora con vosotros, y estará en vosotros." (Juan 14:17).

Análoga a la luz natural, aquí se puede observar la función dual que Jesús, el Verbo, vino a cumplir. El Consolador, el Espíritu de la Verdad, Jesús, había estado morando con sus discípulos, durante tres años enseñando y consolando. Jesús como Espíritu Santo había sido para sus discípulos un maestro, un consejero, un guía, un amigo mientras estuvo físicamente con ellos, sujeto a las leyes de Newton, sujeto a las leyes de la materia. Lo conocen porque habitó con ellos. Los había instruido, había llevado sus prejuicios e ignorancias y les había dado consuelo en tiempos de desánimo. Pero estaba a punto de abandonarlos ahora. Les daría otro Consolador o Abogado como compensación por su ausencia, lo que habría hecho si se hubiera quedado personalmente con ellos. De esto podemos aprender, en parte, cuál es la operación del Espíritu Santo; dar a todos los creyentes la instrucción y el consuelo que les daría la presencia personal de Jesús, estando con ellos. En esos momentos Jesús se llama a sí mismo como el Espíritu Santo quien estuvo con ellos durante unos tres años. Vivía con sus discípulos y sus discípulos con él.

El Espíritu Santo como fuego

El texto continúa diciendo: "… y estará en vosotros", es decir dentro de vosotros, como estaba en Él. Al conjugar el verbo en tiempo futuro, estará, se refirió a su resurrección de entre los muertos, el día de Pentecostés, cuando 120 personas recibieron el bautismo del Espíritu Santo y Fuego.

Cuando llegó el día de Pentecostés, estaban todos juntos en un sólo lugar. De repente, un sonido como el de un viento violento vino del cielo y llenó toda la casa donde estaban sentados. Vieron lo que parecían ser lenguas de fuego que se separaron y se posaron sobre cada uno de ellos. Y todos fueron llenos del Espíritu Santo y comenzaron a hablar en otras lenguas, como el Espíritu les daba que hablasen. (Hechos 2: 1-4).

El fuego del Espíritu Santo, lenguas de fuego se posaron sobre sus cabezas significa que el trueno de su voz activó los cien mil millones de células cerebrales, neuronas, de cada una de las 120 personas allí reunidas. Estas neuronas, por la transgresión, en un gran porcentaje (un 80%) permanecían inactivas, lo que muchos científicos denominaron "ADN chatarra". El factor epigenético externo del Fuego del Espíritu Santo activó las neuronas del cerebro y comenzaron a enviar señales, (sinapsis)[30], unas a otras y a comunicar el mensaje que el Espíritu les daba que hablasen.

Aquellas 120 personas entraron así en la dimensión espiritual de la comunión con el Creador a través del Espíritu Santo. Activaron así el Séptimo Sentido de la Percepción Ejecutiva[31], extinguido y cegado por la mancha del pecado del viejo Adán. Porque, "El dios de este siglo cegó el entendimiento de los incrédulos, para que no les resplandezca la luz del evangelio de la gloria de Cristo, el cual es la imagen de Dios." (2 Corintios 4:4). A partir de la desobediencia a la Ley de Dios, Adán comenzó a regirse por sus propios pensamientos y no los pensamientos de Dios. "Porque mis pensamientos no son vuestros pensamientos, ni vuestros caminos mis caminos, dijo Jehová." (Isaías 55:8).

Fue por medio de la obediencia a Dios, que se pudo restablecer el Sentido de Percepción Ejecutiva. Cuando Jesús vino al Jordán

---

[30] Los neurocientíficos saben que las neuronas se comunican entre sí a través de los pequeños espacios entre ellas, en un proceso conocido como transmisión sináptica (donde las sinapsis son las conexiones entre las neuronas). La información va de una célula a otra mediante neurotransmisores tales como el glutamato, la dopamina o la serotonina, que activan los receptores en la neurona receptora para transmitir mensajes excitatorios o inhibitorios

[31] Dr. Héctor Colón Santiago, *Sentido de Percepción Ejecutiva*, Universidad de Neuro Teología Cristiana de Puerto Rico.

para que Juan lo bautizara, reconociendo él, Juan, que no era digno ni de desatar la correa de sus sandalias, (Lucas 3:16), se negó a hacerlo. "Mas Juan se le oponía, diciendo: Yo necesito ser bautizado por ti, ¿y tú vienes a mí?. Pero Jesús le respondió: Deja ahora, porque así conviene que cumplamos toda justicia. Entonces le dejó." (Mateo 3:14,15)

"Entonces Jesús, después de ser bautizado, salió luego del agua; y he aquí los cielos se abrieron, y el Espíritu de Santo descendió como paloma, y vino sobre él una voz de los cielos, dijo: "Este es mi Hijo amado, en quien tengo complacencia." (Mateo 3:16,17).

Así el segundo Adán, Cristo, el Hijo del Hombre, se somete y cumple la Justica de Dios, bautizándose en el bautismo de Juan, para arrepentimiento, lo que no tenía que hacer, pues en él no había pecados de que arrepentirse, como bien lo dice Pedro: "Pues para esto fuisteis llamados; porque también Cristo padeció por nosotros, dejándonos ejemplo, para que sigáis sus pisadas; el cual no hizo pecado, ni se halló engaño en su boca." (1 Pedro 21,22).

Por la desobediencia vino la separación de Dios y el hombre, por la obediencia, vino la restauración y la reconciliación.

Fue allí, en aquella ocasión, en la que el hombre, en la persona de Jesús, el Hijo del hombre, por primera vez desde la caída de Adán, comienza de nuevo a actuar guiado por el Sentido de Percepción Ejecutiva y no por su propia cuenta, por voluntad propia, por los instintos e impulsos de su naturaleza animal. Fue llevado por el Espíritu Santo al desierto para ser tentado por el diablo, no fue por su propia voluntad, ni por sus propios pensamientos, sino que, "siendo en forma de Dios, no estimó el ser igual a Dios como cosa a que aferrarse, sino que se despojó a sí mismo, tomando forma de siervo, hecho semejante a los hombres." (Filipenses 2:6,7). No se negó a obedecer la Justicia de Dios, sino que la cumplió.

Allá en el Jardín del Edén, Jehová se le presentó al hombre en el apacible aire del día, análogo a la fuerza débil de las ondas radio. "Cuando el día comenzó a refrescar, el hombre y la mujer oyeron que Dios el SEÑOR andaba recorriendo el jardín; entonces corrieron a esconderse entre los árboles, para que Dios no los viera." (Genesis 3:8 NVI).

Aquí, en el día de Pentecostés, su manifestación fue en un viento recio que llenó toda la casa en donde estaban reunidos, análogo a la fuerza fuerte de los rayos X y los Rayos Gamma. "Y de repente vino del cielo un estruendo como de un viento recio que soplaba, el cual llenó toda la casa donde estaban sentados." (Hechos 2:2).

Esta manifestación del Fuego del Espíritu Santo ocurrió el día de Pentecostés. La Palabra de Dios, el Fuego del Espíritu Santo, descendió con gran estruendo y fuerte viento que sopló y llenó la casa donde 120 personas allí reunidas esperaban en actitud expectante. La radiación más fuerte y poderosa del espectro de luz activaron las ondas Gamma del cerebro, (ondas Gamma (20 a 40 OSC./Seg.), al experimentar la influencia de ese fenómeno espiritual (epigenético) que ocurrió en esos momentos. Ellos elogiaron en voz alta, testificaron, y con valentía expusieron las maravillas de Dios según el Espíritu les daba que hablasen. "Y fueron todos llenos del Espíritu Santo, y comenzaron a hablar en otras lenguas, según el Espíritu les daba que hablasen." (Hechos 2:4). Ya no hablaban por voluntad propia, sino que hablaban "según el Espíritu Santo les daba que hablasen". Por fin, el séptimo sentido de Percepción Espiritual fue restaurado en aquel glorioso día de Pentecostés. Y como Jesús, el Maestro, podemos decir: " ... Las palabras que yo os hablo, no las hablo por mi propia cuenta, sino que el Padre que mora en mí, él hace las obras." (Juan 14:10).

"Moraban entonces en Jerusalén judíos, varones piadosos, de todas las naciones bajo el cielo. Y hecho este estruendo, se juntó la multitud; y estaban confusos, porque cada uno los oía hablar en su propia lengua. Y estaban atónitos y maravillados, diciendo: Mirad, ¿no son galileos todos estos que hablan? ¿Cómo, pues, les oímos nosotros hablar cada uno en nuestra lengua en la que hemos nacido? Partos, medos, elamitas, y los que habitamos en Mesopotamia, en Judea, en Capadocia, en el Ponto y en Asia, en Frigia y Panfilia, en

Egipto y en las regiones de África más allá de Cirene, y romanos aquí residentes, tanto judíos como prosélitos, cretenses y árabes, los oímos hablar en nuestras lenguas las maravillas de Dios. Y estaban todos atónitos y perplejos, diciéndose unos a otros: ¿Qué quiere decir esto? Mas otros, burlándose, decían: Están llenos de mosto." (Hechos 2: 6-12).

Los pensamientos

La actividad espiritual, al ser de naturaleza neurofisiológica, provoca la activación de sensaciones y descargas en el cerebro que también están sujetas a las percepciones del individuo que las experimenta.

El Dr. Hector Colón Santiago en su obra *Sentido de Percepción Ejecutiva* afirma:

Nuestros elementos biológicos son neurotransmisores, células, hormonas, moléculas, aminoácidos, átomos, iones y ADN. Los elementos espirituales distintivos del cielo y que el Creador nos da a los seres humanos en los pensamientos son la inteligencia, el conocimiento, la sabiduría, la verdad, la revelación, la comprensión y el propósito. Cada vez que el cerebro tiene un nuevo aprendizaje espiritual, cada trascendencia en nuestras vidas siempre hará que el cerebro realice cambios en las conexiones sinápticas. Eso significa una huella espiritual a nivel de nuestra neurobiología. Debido a que las conexiones neuronales de nuestro cerebro son diferentes en cada persona que habita el planeta, ello garantizó el milagro de la individualidad. Toda la sofisticación y complejidad de las estructuras cerebrales nos las dio el padre para que las verdades del cielo pudieran ser asimiladas y comprendidas por aquellos que lo buscarían en los confines de las edades y los tiempos.

Los sentimientos espirituales internos del cerebro se pueden percibir, interpretar, definir y obtener significado de ellos a través del pensamiento, como muchas otras experiencias donde hubo emociones, activación de recuerdos y actividades de aprendizaje.

Con esta redefinición queremos categorizar el proceso de pensamiento y darle un rango de sentido de percepción sensorial fisiológica y elevarlo a su nuevo nivel de atención, importancia, prominencia y trascendencia en el nivel de los asuntos humanos. Nos estamos elevando significativamente a un nuevo nivel de comprensión, los problemas de la fe cristiana. La razón por la que en las neurociencias no ha habido muchos avances en el estudio de los procesos de pensamiento se debe a la asociación del pensamiento con el sujeto de la mente, cuestiones de religiones y cuestiones filosóficas impulsados por sus propios pensamientos, no los de Dios, porque los pensamientos de Dios no son vuestros pensamientos ni sus caminos vuestros caminos, aunque tengan que ver con el espectro de la mente.

En vez de ser guiados por nuestros propios sentidos, impulsos e instintos y todo lo que se genera a nivel del cerebro, que no se puede medir científicamente, seamos guiados por esa entidad inmaterial y abstracta que nos da la capacidad exclusiva de nuestra humanidad, El Espíritu Santo. "Porque todos los que son guiados por el Espíritu de Dios, éstos son hijos de Dios. Pues no habéis recibido el espíritu de esclavitud para estar otra vez en temor, sino que habéis recibido el espíritu de adopción, por el cual clamamos: ¡Abba, Padre! El Espíritu mismo da testimonio a nuestro espíritu, de que somos hijos de Dios. Y si hijos, también herederos; herederos de Dios y coherederos con Cristo, si es que padecemos juntamente con él, para que juntamente con él seamos glorificados." (Romanos 8:14-17).

"Dado que la Palabra de Dios es de naturaleza abstracta, intangible e inmaterial a nivel del cerebro, le damos significado, coherencia y sentido de trascendencia con esa actividad fisiológica que son los pensamientos. (Teniendo la mente de Cristo es que podemos, como los 120 en el Aposento Alto, describir, analizar, considerar y dar sentido a todos los estímulos provenientes de las percepciones internas activadas por la Palabra Viva, que es más aguda que espada de dos filos y que procede del Padre de las Luces, Dios).

Continúa diciendo el Dr. Colón:

Pensar y meditar en la Palabra se convierte en una función biológica puramente molecular, generada por células de astrocitos y neuronas a través de ondas eléctricas corticales, información estrictamente abstracta e intangible que crea estados espirituales de conciencia.

Los cristianos necesitan conocer las funciones del pensamiento ya que la espiritualidad es una actividad que comienza en el plano de la abstracción, específicamente en el cerebro. Sin embargo, se traduce al resto de nuestra fisiología por el mero hecho de creer en la Palabra.

En resumen, es a través de los pensamientos que los cristianos nos elevamos a asuntos de orden espiritual. Aunque ellos, los pensamientos, son la plataforma de los asuntos buenos y malos, de los valores de la cultura.[32]

"Por lo demás, hermanos, todo lo que es verdadero, todo lo honesto, todo lo justo, todo lo puro, todo lo amable, todo lo que es de buen nombre; si hay virtud alguna, si algo digno de alabanza, en esto pensad." (Filipenses 4:8).

---

[32] Tomado con permiso del autor. Dr. Héctor Colón Santiago, Universidad de Neuro Teología Cristiana, de Puerto Rico

CAPÍTULO XIII

El Espíritu Santo y Fuego en el día de Pentecostés Análogo a los Estallidos de Rayos Gamma y sus Efectos en el Organismo Humano

Las organizaciones de salud de todo el mundo estiman que alrededor de mil millones de personas padecen enfermedades neurológicas.

El profeta Isaías dice, análogo a los mil millones de personas que padecen enfermedades neurológicas: "Toda cabeza está enferma, y todo corazón doliente." (Isaías 1: 5).

El cerebro humano, como todo el cuerpo, puede producir electricidad a través de reacciones químicas en sus células. El cuerpo humano es un sistema eléctrico demasiado complejo en el que la función del cerebro sería controlar y cambiar. La mayoría de las cosas que vemos, oímos, olemos, gustamos y sentimos son el resultado de pequeñas señales eléctricas enviadas desde diferentes partes del cuerpo al cerebro, señales bioeléctricas. Pero también el cerebro recibe señales puramente eléctricas, como los rayos gamma, que pueden ser enviadas al resto de nuestra fisiología por el Poder de la Palabra, impulsada por el Poder del Espíritu Santo. Este es el caso, análogo al de Saul, cuando oyó las palabras enviadas por el enemigo. "Al oír Saúl estas palabras, el Espíritu de Dios vino sobre él con poder; y él se encendió en ira en gran manera." (1 Samuel 11:6).

Opto genética

La opto-genética es un método de investigación del cerebro que combina óptica y genética para lograr un control más riguroso de eventos específicos que ocurren dentro de ciertas células de un tejido vivo en un momento dado, mediante la luz.

Las neuronas funcionan como un panel solar, convirtiendo la luz en electricidad y la célula la convierte en bioelectricidad para comunicarse entre sí a través de sinapsis.

Para producir electricidad, las células de tu cuerpo utilizan un mecanismo llamado puerta de sodio-potasio. Cuando el cuerpo necesita enviar un mensaje de un punto a otro, la célula abre la compuerta y los iones de sodio y potasio pueden entrar y salir libremente de la célula. El potasio cargado negativamente sale de la célula y los iones de sodio cargados positivamente ingresan a la célula. El resultado es un cambio en las concentraciones de ambas sustancias y se crean cargas eléctricas. Esto genera una especie de chispa eléctrica.

Esta chispa hace que la siguiente celda haga lo mismo y la siguiente así sucesivamente, como una tormenta eléctrica de voltaje excepcionalmente bajo... y todo esto porque tu cerebro te ordenó mover un dedo, mirar un lugar... o simplemente tu corazón se estaba preparando para dar otro latido.

Cada pensamiento, emoción o acción desencadena una reacción en un área específica de tu cerebro. ¿Estás feliz? ¿Triste? ¿En distintas pruebas? ¡Hay una tormenta eléctrica en tu cuerpo y en tu cerebro! La tecnología de imágenes moderna nos permite ver la intrincada danza de la energía en el cerebro que acompaña cada pensamiento y sentimiento.

Las Escrituras nos instan a estar siempre gozosos en el Señor. No importa las alteraciones en la vida que nos puedan entristecer, siempre habrá una fuente de consuelo que nos hará estar en paz y tranquilidad. "Aunque falte el producto del olivo, y los campos no den sustento, y las ovejas sean retiradas del redil, y no haya vacas en los corrales, yo me regocijaré en el Señor y me regocijaré en el Dios de mi vida salvación." (Habacuc. 3:17, 18).

En el electroencefalograma del experimento que se presenta más adelante, en el rastreo de las ondas gamma en el cerebro del sujeto, observamos la activación de estas ondas. La vibración de la melodía de los sublimes cantos de adoración al Creador, acompañada de los instrumentos musicales en perfecta armonía, hizo que los picos de las ondas gamma se elevaran al máximo, como reflejando el estado de exaltación espiritual, ante lo Divino. Saltos de alegría y contentamiento ante la presencia del Señor, análogo a la metáfora del Salmista cuando dice: "Los montes saltaron como carneros, Los collados como corderitos." (Salmos 114:4).

Los campos electromagnéticos se utilizan para calentar varias partes del cuerpo. Generalmente se cree que el calor estimula los mecanismos naturales de curación y o defensa para aliviar o curar dolencias. El salmista nos insta a alabar al Señor porque él sana nuestras enfermedades y todas nuestras dolencias análogo a la sanación de varias partes del cuerpo con las diferentes ondas del campo electromagnético. "Él es quien perdona todas tus iniquidades, el que sana todas tus dolencias; el que rescata del hoyo tu vida, el que te corona de favores y misericordias; el que sacia de bien tu boca de modo que te rejuvenezcas como el águila." (Salmos 103: 3-5).

Los campos electromagnéticos se utilizan para trabajar cualquier problema psicológico, desde cuestiones cotidianas, personales o profesionales hasta sucesos traumáticos de distinta intensidad. De la misma manera, Jesús recorrió Galilea, enseñando en sus sinagogas, proclamando las buenas nuevas del reino y sanando todas las dolencias del pueblo. (Mateo 4:23). Los campos electromagnéticos ayudan a detectar problemas y traumas no conscientes, especialmente aquellos aspectos inconscientes que pueden sabotearnos. El salmista le pide al Señor que lo guíe en caso de que haya algo escondido. "Examíname, oh, Dios, y conoce mi corazón; pruébame y conoce mis pensamientos; y ve si hay en mí camino de perversidad, y guíame en el camino eterno." (Salmos 139: 23-24).

Campo cuántico y observación

Los físicos nos dicen que cuando pasamos más allá de la esfera de las partículas subatómicas, y por extensión todo lo que es "real"; cuando tratamos de mirar y comprender estas partículas (quarks, bosones, leptones, etc.), son tan pequeñas que ni siquiera se pueden medir. No hay instrumentos disponibles para medir la magnitud infinita de estas partículas. Son tan pequeñas que sólo se puede teorizar sobre ellos. Es por ello el que el escritor neotestamentario se asombra ante la profundidad de la maravillosa obra de Dios y exclama: "¡Oh profundidad de las riquezas de la sabiduría y de la ciencia de Dios! ¡Cuán insondables son sus juicios, e inescrutables sus caminos!" (Romanos 11:33).

Hay un hecho notablemente interesante sobre estas partículas subatómicas: nadie las ha visto nunca. Entonces, si no se pueden ver estas partículas subatómicas, si no se pueden observar, ¿cómo se puede saber si existen? En Las Escrituras hay una expresión análoga a esta pregunta de la cuántica: "El que no ama a su hermano y hermana, a quien ha visto, ¿cómo puede amar a Dios a quien no ha visto?" (1 Juan 4: 9).

Sabemos de la existencia de estas partículas subatómicas por las huellas que dejan en los aceleradores de partículas. En áreas donde los científicos investigan teorías subatómicas se pueden ver, incluso en la fotografía, las huellas que dejan estas partículas y, al mirarlas, se sabe que han estado allí. De manera análoga, Nicodemo vino a Jesús de noche, porque tenía conocimiento de las huellas que Jesús dejaba en su caminar, y le dijo: "Sabemos que eres un maestro que has venido de Dios. Porque nadie podría realizar las señales que estás haciendo si Dios no estuviera con él." (Juan 3: 2).

Hay otro aspecto interesante de estas partículas subatómicas: parecen existir sólo cuando las observamos. Para que Eliseo pudiera obtener la "doble porción" del espíritu de Elías, tuvo que observarlo, de manera análoga a la observación de la partícula cuántica subatómica. Elías le dijo a Eliseo: "Dime, ¿qué puedo hacer por ti antes de que me quiten?". "Déjame heredar una doble porción de tu espíritu", respondió Eliseo. "Has pedido algo difícil", dijo Elías, "pero si me ves cuando me quiten, será tuyo; de lo contrario, no será así". (2 Reyes 2: 9,10).

Tanto los pensamientos como los sentimientos tienen una señal electromagnética. Nuestros pensamientos envían una señal eléctrica al campo cuántico, tanto pensamientos positivos como negativos. Por lo tanto, nuestros sentimientos tendrían el poder de "atraer magnéticamente" situaciones en la vida.

Las Escrituras dicen: "Mirad a mí, y sed salvos, todos los términos de la tierra, porque yo soy Dios, y no hay más." (Isaías 45:22).

Entrelazamiento cuántico

El entrelazamiento cuántico es uno de los fenómenos más desconcertantes de la mecánica cuántica. Cuando dos partículas, como átomos, fotones o electrones, se entrelazan, experimentan un vínculo inexplicable que se mantiene incluso si las partículas están en lados opuestos del universo. Este entrelazamiento es análogo al texto de Las Escrituras donde Jesús les dijo a sus discípulos que no los dejaría huérfanos. Volvería a ellos de nuevo, aunque el mundo ya no lo viera, pero ellos lo verán, porque Él vivía, ellos también vivirían. (Juan 14: 18-20).

El entrelazamiento cuántico implica que cualquier medición realizada en la primera partícula proporciona información sobre el resultado de la medición en la segunda partícula. Gracias a esta investigación, este principio ha sido probado por primera vez en el campo de la biología. Este entrelazamiento cuántico es análogo a la relación que existiría entre Jesucristo, el Padre Celestial y sus discípulos. "En aquel día vosotros conoceréis que yo estoy en mi Padre, y vosotros en mí, y yo en vosotros." (Juan 14:21).

Este principio de la Física Cuántica, el entrelazamiento cuántico, es análogo también, al pasaje bíblico en donde Felipe le dijo al Señor: "Muéstranos al Padre y nos basta. Jesús le dijo: ¿Tanto tiempo hace que, estoy con vosotros, y no me has conocido, Felipe? El que me ha visto a mí, ha visto al Padre; ¿cómo, pues, dices tú: ¿Muéstranos el Padre? ¿No crees que yo soy en el Padre, y el Padre en mí? Las palabras que yo os hablo, no las hablo por mi propia cuenta, sino que el Padre que mora en mí, él hace las obras. Creedme que yo soy en el Padre, y el Padre en mí; de otra manera, creedme por las mismas obras." (Juan 14: 8-11).

Beneficios de los rayos gamma

Un procedimiento revolucionario conocido como bisturí gamma es un método eficaz para destruir selectivamente algunos tipos de tumores cerebrales y abordar otras anomalías sin la necesidad de realizar incisiones invasivas en el cráneo. Este bisturí gamma es análogo, a la operación de sanación efectuada por Dios, a traves de su Espiritu. No es un bisturí en el sentido convencional del término, sino un instrumento que utiliza rayos gamma invisibles. Es prácticamente indoloro y su uso no requiere anestesia general. Fue desarrollado con la cooperación de varios de los más notables equipos de especialistas en radiación de todo Estados Unidos. Con él se realiza un tratamiento no invasivo, sin cicatrices, desfiguraciones ni riesgo de infección. Es una especie de cirugía neurológica sin dañar las células adyacentes. El bisturí de rayos gamma no causa al paciente problemas físicos, dolor o trauma emocional. No requiere una recuperación prolongada y, en general, los pacientes tratados abandonan el hospital y reanudan sus actividades normales de inmediato.

CAPÍTULO XIV

Experimento de Verificación Neurofisiológica del Culto Espiritual

Los rastros y el comportamiento de las ondas cerebrales pueden verse activadas en el *Experimento de Verificación Neurofisiológica del Culto Espiritual*. En el experimento realizado por el Instituto de Neuro Teología Cristiana de Puerto Rico, hoy Universidad de Neuro Teología Cristiana de Puerto Rico, el 1 de julio de 2017, en Humacao, Puerto Rico, pudimos observar cuando, mediante la adoración, las ondas cerebrales se activaban.

Como requisito para el doctorado en Neuro Teología Cristiana, llevamos a cabo un estudio cerebro-mente en el que se le administraron registros y trazados de electroencefalogramas a dos de nuestros compañeros previamente seleccionados. El estudio se llevó a cabo mientras ellos, como aquellas 120 personas reunidas en el Aposento Alto el día de Pentecostés, meditaban y adoraban a Dios, "unánimes juntos" con nosotros. Es decir, meditaban en las maravillosas obras espirituales e invisibles del Creador, las cuales la Física Cuántica hace visibles con las nuevas tecnologías como el electroencefalograma.

Trazado del electroencefalograma del Sujeto #1

En las instrucciones dadas al Sujeto #1 se incluía que mantuviera su meditación sobre las cosas sublimes del Espíritu del Dios vivo. Con gran expectativa, observamos que la activación de las ondas alfa se reflejaba constantemente en las líneas. Estas ondas suelen ser compatibles con los estados mentales donde el límite de lo consciente con lo inconsciente coincide. Es un estado donde la meditación sobre asuntos de trascendencia espiritual, el proceso de oración y relajación interior tiene un amplio lugar. Además, debido a que muchas áreas del cerebro están sincronizadas, se producen estados compatibles con el sentimiento de paz absoluta. Esto está en armonía con el tipo de actividad que se realizó cuando el participante estaba realmente adorando en espíritu.

En estas ondas se refleja una alta sincronización de la corteza cerebral, que se traduce en un estado cerebral muy especial. Este estado nos permite continuar teniendo una actividad consciente en el nivel del pensamiento es decir, tener el control total de esta actividad. Mientras tanto, por otro lado, nos permite acceder a la información que se encuentra en el estado inconsciente.

En este estado, la evocación y la percepción de los múltiples recuerdos de una naturaleza espiritual salen a la luz con la expectativa. Esto puede traducirse, según las Escrituras, cuando Jesús, el Resucitado, instruyó a sus discípulos a quedarse en Jerusalén y esperar la Promesa que les había dado, antes de ser crucificado, Otro Consolador que les enseñaría todas las palabras que Él les había hablado, mientras estaba con ellos.

Él había aparecido a los discípulos, a quienes también, después de haber sufrido, se mostró vivo con muchas pruebas indudables. Compartió con ellos durante cuarenta días y hablándoles sobre el reino de Dios. "Y estando juntos, les ordenó que no salieran de Jerusalén, sino que esperaran la promesa del Padre que, según les dijo, oíste de mí. Porque Juan ciertamente bautizó con agua, más vosotros seréis bautizados con el Espíritu Santo dentro de no muchos días." (Hechos 1:4,5).

Trazado de electroencefalograma al sujeto # 2

En los trazados del Sujeto #2, la activación de las zonas auditivas fue recurrente debido a la escucha de canciones de adoración, mientras que el Sujeto #2, junto con nosotros, también, adoraba al Señor. Al comienzo de las canciones *Aleluya* y *Tu fidelidad es grande*, (Gráficos I y II en los Anexos III y IV), en el trazado de las ondas gama del Sujeto #2, observamos la activación de dichas ondas.

La Física Cuántica dice: "Los rayos gamma (γ) son paquetes sin peso de energía llamados fotones.[33] A diferencia de las partículas alfa y beta, que se componen de energía y masa, los rayos gamma son pura energía. Los rayos gamma son similares a la luz visible, pero su energía es mucho más potente. Los rayos gamma suelen ser emitidos junto con partículas alfa o beta durante la desintegración radiactiva."[34]

La vibración de la melodía de las canciones sublimes de adoración al Creador, acompañadas por los instrumentos musicales en perfecta armonía, en los trazos de las ondas gamma del electroencefalograma del Sujeto #2, se refleja una activación constante. El canto y la música produjeron gran actividad de ondas gamma en el cerebro del Sujeto #2.

Por lo general, cuando una persona escucha este tipo de adoración o música de alabanza, que es agradable y significativa, los hemisferios derecho e izquierdo del cerebro tienden a sincronizarse para que las áreas más profundas del cerebro mantengan estos recuerdos que son fáciles de consolar. Los genes así marcados, por la epigenética, por la sublime música de

---

[33] Las partículas que transportan luz se les conoce como fotones.
[34] https://espanol.epa.gov/espanol/informacion-basica-sobre-la-radiacion

adoración y alabanza, se activan y leen, y expresan la información de experiencias pasadas similares. Por lo tanto, la experiencia que la persona está teniendo, en esos momentos, se convierte en un recuerdo profundo, como si viviera la experiencia la primera vez que la experimentó.

CONCLUSIÓN

Los cristianos del siglo XXI viven momentos maravillosos a pesar del terrorismo, la desinformación de los medios, los disturbios raciales, los disturbios atmosféricos, las epidemias mundiales y la incredulidad de los científicos. Avances científicos y tecnológicos como el láser, con sus múltiples aplicaciones, resonancias magnéticas, transistores, DVD, fibra óptica, tomografía, móviles, relojes atómicos o GPS son tecnologías basadas en la mecánica cuántica. Los avances científicos de la Física Cuántica han hecho posible revelar, hacer visibles las obras invisibles y maravillosas de la Creación de Dios.

Estos son los tiempos de los que el Señor le habló al profeta Daniel cuando estaba a punto de exponer la revelación que se le había dado. "Pero tú, Daniel, cierra las palabras y sella el libro hasta el tiempo del fin. Muchos correrán de aquí para allá, y la ciencia se aumentará." (Daniel 12: 4).

Como vimos anteriormente, la ciencia nos ha permitido verificar científicamente los procesos espirituales en los hombres y mujeres cristianos del siglo XXI. Con la nueva ciencia de la Física Cuántica es que podemos ver, a través de instrumentos de alta tecnología, como el electroencefalograma, la actividad espiritual de pensar y meditar en la Palabra de Dios, la activación de sensaciones y descargas eléctricas y bioeléctricas en el cerebro.

Científicamente se ha comprobado cómo la Palabra y la música, la oración y la meditación pueden activar los genes del ADN a través de los pensamientos. Con los instrumentos modernos de la Física Cuántica podemos ver el interior espiritual de las percepciones del cerebro como ondas de luz, aunque no puedes verlas sin instrumentos propios para ello, sí se pueden percibir, interpretar, definir y obtener significado de ellas. "Este es el mensaje que hemos oído de él, y os anunciamos: Dios es luz, y no hay ningunas tinieblas en él." (1 Juan 1: 5). "Al principio, Dios dijo: Sea la luz, y fue la luz". (Génesis 1: 3). Todo está hecho de pequeños bits subatómicos, pero ¿cuál es la fuerza que mantiene unidas las partículas cuánticas, los átomos y las moléculas? La respuesta es LUZ. Desde cualquier alga microscópica hasta el planeta más grande de la galaxia, pasando por el propio ser humano, todo está compuesto por materia, partículas elementales unidas por una especie de pegamento que conforma el Universo y todo lo que existe.

Hay siete rangos primarios de frecuencias de ondas dentro del espectro electromagnético de la luz. De manera análoga, el ángel le dice a Zacarías que las siete lámparas que vio son los ojos del Señor, que viajan por toda la tierra. (Zacarias 4:10).

Dios usa el espectro de la luz para comunicarse con el hombre. Desde la frecuencia más baja hasta la frecuencia de energía más alta. Ondas radio, microondas, rayos infrarrojos, luz visible, rayos ultravioletas, rayos X y rayos gamma.

Ondas radio: El componente básico de las comunicaciones son las ondas radio. Una onda radio es generada por un transmisor y luego detectada por un receptor. Con las ondas radio, Adán escuchó los pasos del Señor en el aire fresco del día. Sabían que los árboles obstruyen las ondas de radio[35] y trataron de esconderse de Dios. Pero Dios, análogo a los rayos X y los rayos gamma, penetró profundamente a través de los árboles y los vio escondidos entre los árboles del huerto. "Hoy, si escuchan su voz, no endurezcan su corazón como lo hicieron en la rebelión." (Hebreos 3:15). "No hay cosa creada oculta a su vista, sino que todas las cosas están descubiertas y desnudas ante los ojos de aquel a quien debemos dar cuenta." (Hebreos 4:13).

---

[35] techlandia.com › arboles-interfieren-antenas

Microondas: Existe una analogía entre el salto cuántico de ondas radio al microondas, y el encuentro de Jehová Dios, con la pareja en el Huerto del Edén. Con las ondas radio la pareja oyó los pasos de jehová que se paseaba en el Huerto al aire del día. Con el salto cuántico al microondas, la pareja, no sólo oye los pasos de Jehová a través de las ondas radio, sino que como en el caso de la TV, con las microondas pueden ver su desnudez. La pareja oyó la voz de Jehová y vieron que estaban desnudos. (Génesis 3: 7). Las microondas pueden penetrar la neblina, la lluvia ligera y la nieve, las nubes y el humo. Las microondas se utilizan para la comunicación por satélite y el estudio de la Tierra desde el espacio. El dispersómetro mide los cambios en la energía de los pulsos de microondas y puede determinar la velocidad y la dirección del viento cerca de la superficie del océano.

Las montañas y los valles pueden obstruir o bloquear la señal de televisión. Si su torre de transmisión local está detrás de una montaña, o si vive en un valle profundo, obtener una buena señal de TV OTA será problemático ya que la línea de visión de la señal se bloqueará o pasará directamente sobre la antena de televisión. Así mismo para tener una comunicación clara con el Señor y una revelación de su Gloria, Juan el Bautista iba anunciando su mensaje delante del Señor, diciendo que se baje toda montaña y todo valle se allane. (Lucas 3:5). Mas de cuatrocientos años a.C. el profeta Isaias inspiraba a Lucas describiendo a Juan el Bautista cuando predicaba en el desierto el mismo mensaje : "Todo valle (de depresion y de angustia) sea alzado, y bájese todo monte y collado; (de orgullo y alativez) y lo torcido (de mentes depravadas y maliciosas) se enderece, y lo áspero (de una caracter desagradable y agresivo) se allane. Y se manifestará la gloria de Jehová. En otras palabras, debes derribar la montaña del orgullo propio y el egoísmo y levantar el valle de la depresión y el pesimismo. La conducta áspera se nivele, y los lugares accidentados, la mala conducta social, se allane. (Isaías 40: 4,). Y se manifestará la gloria de Jehová. (5). El profeta Ezequiel vio la gloria de Jehová, en una visión, como un arcoiris: "Como parece el arco iris que está en las nubes el día que llueve, así era el parecer del resplandor alrededor." (Ezequiel 1:28).

Rayos infrarrojos: Análogo al calor en la piel producido por los rayos infrarrojos, así ardían los corazones de dos de los discípulos de Jesús, cuando el Resucitado les abría Las Escrituras en el camino a Emaús. (Lucas 24:32). La radiación infrarroja es la parte del espectro electromagnético que se extiende desde el extremo de longitud de onda larga, hasta el espectro de la luz visible. Es invisible a los ojos, pero puede detectarse como una sensación de calor en la piel.

Luz visible: La luz visible se define como las longitudes de onda que son visibles para la mayoría de los humanos. Dios, la luz invisible, se hace visible en el espectro de la luz visible a través de su Hijo Jesucristo. Dios, la Luz Verdadera, a quien nadie ha visto, fue visto en Su Hijo, el Verbo. El Verbo se hizo carne y habitó entre nosotros. Hemos visto su gloria, la gloria del único Hijo, que vino del Padre, lleno de gracia y de verdad. El espectro de luz visible es el segmento del espectro electromagnético que el ojo humano puede ver. Simplemente, este rango de longitudes de onda se llama luz visible. Podemos ver el espectro de luz visible, esa porción del espectro electromagnético que podemos ver a simple vista. Dios es Espíritu y no podemos verlo, pero de manera análoga a la luz visible, la podemos ver a través de un prisma. Podemos ver a Dios por medio de Su Hijo, el Verbo quien se hizo carne, Jesús, y habitó entre nosotros. Hemos visto su gloria, la gloria del único Hijo, que vino del Padre, lleno de gracia y de verdad. (Juan 1:14).

Rayos ultravioletas: Cuando la luz UV-C brilla sobre el agua o si la bombilla se sumerge en el agua, parte de la luz penetra en el agua y es absorbida por gérmenes, como bacterias y virus. Cuando la luz UV-C es absorbida por estos gérmenes, mueren, esterilizando así el agua. El pueblo de Israel marchó por el desierto durante tres días y llegó a Mara. No pudieron beber las aguas porque estaban amargas, por eso la llamaron Mara. Entonces el pueblo murmuró contra Moisés y dijo: "¿Qué vamos a beber?" Y Moisés clamó al Señor, y el Señor le mostró un árbol; lo echó en las aguas, y las aguas se dulcificaron. (Éxodo 15:23-25). El árbol que Dios le presentó a Moisés es análogo al efecto de los rayos ultravioleta en la purificación del agua. El árbol representa a Cristo como el que purifica nuestra vida y puede saciar la sed. (Juan 7: 37-38). La luz ultravioleta es rentable para la purificación del agua, así mismo el profeta dijo: "A todos los sedientos: Venid a las aguas; y los que no tienen dinero, venid, comprad y comed. Venid, comprad sin dinero y sin precio, vino y leche." (Isaías 55: 1).

Rayos X: Los rayos X son radiación electromagnética que puede atravesar objetos sólidos, incluido el cuerpo. Los rayos X penetran en diferentes cosas más o menos según su densidad. En medicina las radiografías sirven para ver imágenes de los huesos y otras estructuras internas del cuerpo. Los Rayos X son análogos a la Palabra de Dios que es más cortante que una espada de doble filo penetra hasta dividir el alma y el espíritu, las coyunturas y la médula. (Hebreos 4:12).

Rayos gamma: Un rayo gamma (g) es un paquete de energía electromagnética, fotón, emitido por el núcleo de algunos radionúclidos después de la desintegración radiactiva. Los fotones gamma son los fotones más energéticos del espectro electromagnético. En 1967, el satélite OSO-3 realizó la primera detección significativa de rayos gamma desde el espacio. Este satélite captó un total de 621 rayos gamma cósmicos. Poco después, el satélite Vela-5b de Estados Unidos se puso originalmente en órbita para detectar rayos gamma procedentes de pruebas de bombas nucleares. En cambio, precibió estallidos de rayos gamma de galaxias distantes. ¡Fue un descubrimiento asombroso! Condujo a una nueva rama de investigación, la radiación gamma.

Los rayos gamma tienen tanto poder de penetración que se pueden necesitar varias pulgadas de un material denso como el plomo, o incluso unos cuantos pies de hormigón para detenerlos. Los rayos gamma pueden atravesar completamente el cuerpo humano; a medida que pasan, pueden causar ionizaciones que dañan los tejidos y el ADN. Sin embargo, también se pueden usar para tratar el cáncer. La radioterapia utiliza rayos gamma de alta energía para matar las células cancerosas y encoger los tumores. La radiocirugía con bisturí de rayos gamma es una forma especial de radioterapia. Utiliza haces de rayos gamma para tratar el tejido cerebral lesionado al dañar el ADN de células peligrosas. Esta técnica es uno de los sistemas de radiocirugía más precisos. Puede enfocarse en un área pequeña y evitar dañar los tejidos circundantes.

En el Experimento de Verificación Neurofisiológica de Adoración Espiritual la activación de las zonas auditivas en el Sujeto # 2 fue recurrente debido a escuchar canciones de adoración. El sujeto #2, junto con nosotros, también adoraba y meditaba en Las Escrituras. Al comienzo de las canciones, *Aleluya* y *Tu Fidelidad es Grande*, (Trazados I y II en Anexos III y IV), en el trazado de ondas gamma, observamos la activación de estas ondas. La vibración de la voz de los sublimes cantos de adoración al Creador, acompañados de los instrumentos musicales en perfecta armonía, se refleja en los trazos del electroencefalograma del sujeto #2, en la activación constante de las ondas cerebrales. El canto y la música produjeron una gran actividad de ondas gamma en el cerebro del sujeto #2, produciendo un estado de ánimo espiritual ligado a la segregación de adrenalina y cortisol, aumentando así los niveles de excitación emocional. Al aumentar los niveles de excitación emocional, que implica liberar adrenalina en el cuerpo, también aumenta la cantidad de atracción entre el adorador y Dios.

Por último, la intensidad de los rayos gamma en el cuerpo humano y en la psiquis humana es tan penetrante que podríamos hacer una analogía con la Palabra de Dios, que dice: "Porque la palabra de Dios es viva y eficaz, y más cortante que toda espada de dos filos; y penetra hasta partir el alma y el espíritu, las coyunturas y los tuétanos, y discierne los pensamientos y las intenciones del corazón. Y no hay cosa creada que no sea manifiesta en su presencia; antes bien todas las cosas están desnudas y abiertas a los ojos de aquel a quien tenemos que dar cuenta." (Hebreos 4:12,13)

"¡Oh profundidad de las riquezas de la sabiduría y de la ciencia de Dios! ¡Cuán insondables son sus juicios, e inescrutables sus caminos!" (Romanos 11:33).

ANEXO I

Trazado I - Electroencefalograma al sujeto N° 1

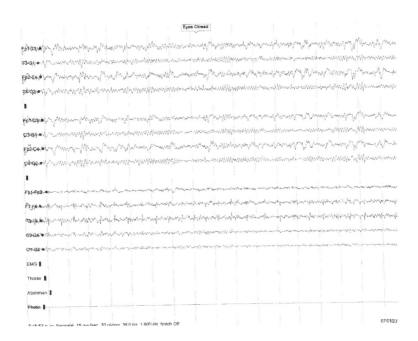

ANEXO II

Trazado II Electroencefalograma al sujeto N°1

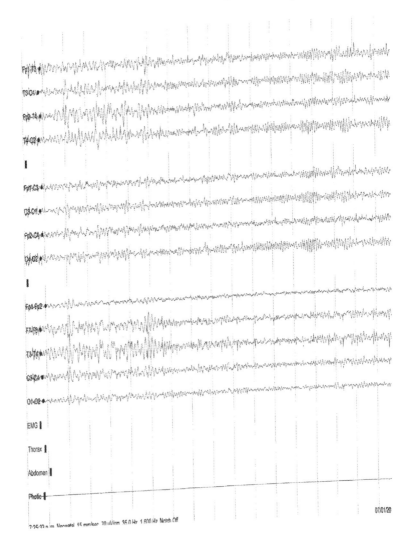

07/01/20

7-25-13 n im Neonatal 15 mm/sec 70 uV/cm 35.0 Hz 1.800 Hz Notch Off

ANEXO III

Trazado I al sujeto N° 2 (Cántico *Aleluya*)

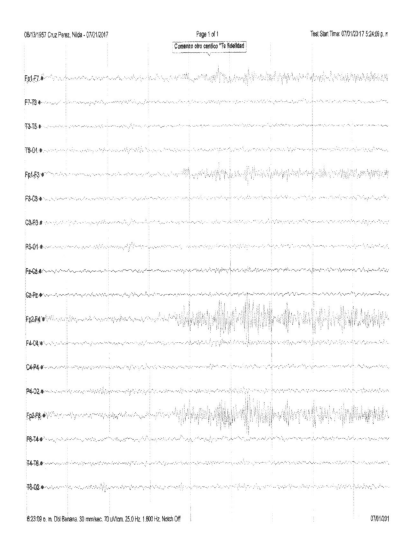

ANEXO IV

Trazado II al sujeto N° 2
Termina *cántico Aleluya*, pausa y comienzo
del cántico *Tu Fidelidad*

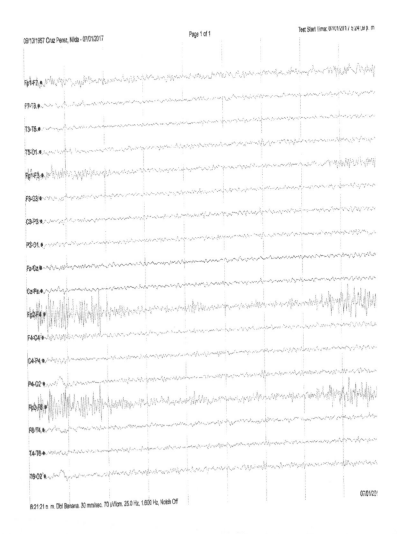

SOBRE EL AUTOR

Al regresar de la Guerra de Vietnam (1966-1967) y tras librar otra guerra consigo mismo por los traumas de las experiencias sufridas en el campo de batalla, Samuel Padilla Rosa adquirió un grado asociado en el *Puerto Rico Junior College*. También obtuvo un bachillerato en economía, con clases de psicología y literatura comparada, de la Universidad de Puerto Rico. Antes de dedicarse al ministerio de la iglesia y obtener una maestría en estudios teológicos, trabajó como economista para el Gobierno de Puerto Rico y como maestro en el Sistema de Instrucción Pública.

En 2005 se trasladó al Estado de Nueva York. Mientras se desempeñaba como copastor en, *Elim House of Worship*, en el Bajo Manhattan, junto al pastor, Carlos Torres, cofundó un centro de rehabilitación juvenil en Newark, Nueva Jersey.

Al regresar a Puerto Rico, adquirió un Doctorado en la incipiente rama de la neurociencia, Neuro Teología Cristiana.

El Dr. Samuel Padilla Rosa es autor de más de una docena de libros. Actualmente está comprometido en la enseñanza y la predicación del evangelio de Jesucristo.

Printed in the United States
by Baker & Taylor Publisher Services